AI风暴：
人工智能的商业运用

孟宪坤◎著

中国商业出版社

图书在版编目（CIP）数据

AI风暴：人工智能的商业运用 / 孟宪坤著. -- 北京：中国商业出版社，2022.1
ISBN 978-7-5208-1916-9

Ⅰ.①A… Ⅱ.①孟… Ⅲ.①人工智能—应用—商业模式—研究 Ⅳ.①F716

中国版本图书馆CIP数据核字(2021)第231130号

责任编辑：林 海

中国商业出版社出版发行
（www.zgsycb.com 100053 北京广安门内报国寺1号）
总编室：010-63180647　编辑室：010-83118925
发行部：010-83120835/8286
新华书店经销
香河县宏润印刷有限公司印刷
*
880毫米×1230毫米　32开　7.25印张　205千字
2022年1月第1版　2022年1月第1次印刷
定价：68.00元
****
（如有印装质量问题可更换）

前言

在讲述人工智能的商业应用之前,我们要先理解什么是人工智能。那么究竟什么是人工智能呢?

人工智能的英文名为"Artificial Intelligence",简称 AI。人工智能就是用电脑系统来模拟人类的思考方式,不断学习,作出判断,解决问题。AI 程序能准确地模拟人类的行为和思考过程,更好地帮助甚至替代人类来做出更合理的决定。人工智能不仅给许多行业带来了巨大的经济效益,也为我们的生活带来许多改变和便利。

随着 2018 年人工智能"元年"的出现,人工智能技术也逐步融入了商业社会的方方面面,各资本巨头和公司纷纷涌入,将 AI 推向了产业革命的风口。数据显示,2020 年许多的客服工作被人工智能所替代,比如,阿里巴巴、亚马逊等公司纷纷利用人工智能技术进行评论挖掘,开发聊天机器人,进行商品推荐,处理大数据等。

阿里巴巴推出了天猫精灵和阿里助手 AI 工具,运用客户服务聊天机器人,已可以处理95%的咨询业务,促进了内部管理及客户服务运营。同时,使用人工智能,还能绘制出最有效的物流路线,减少了10%的车辆使用,减少了30%的行驶距离。

亚马逊开发了人工智能产品——Alexa,该推荐系统提升了算法的性能,能根据用户搜索内容对他们的喜好进行记录和预测,并进行商品推荐,制定出有针对性的营销策略。

eBay推出了机器人Shopbot,通过自然语言处理技术,找出客户感兴趣的商品,客户可以通过文字、语音和手机拍摄的照片,与机器人进行沟通。

如今,人工智能已成为商业发展的最大驱动力。

如果电商推荐的商品并不是自己心仪的,消费者就会对电商企业信任不足,而运用人工智能技术,就能找到用户喜好,为用户寻找最合适的商品。借助人工智能,销售周期就可以大大缩短,然后调整销售方案,在正确的平台及时间搜索到目标消费者。运用人工智能技术,可以对整个过程进行监控,并为用户画像,为用户发送有针对性的信息,提高用户体验,使推荐更加个性化。

人工智能赋能商业的益处显而易见。人工智能之所以发展火爆,其原因在于多样的场景、价值与具体的商业环境相结合,提升了产业效能,催生了新产品和新市场。其实,人工智能不只是某种先进的技术,核心是一种分析数据的思维模式,其从数据出发,通过模型和算力产生决策,最终在不同的商业领域产生价值。

在人工智能的生态下,人机交互成为重点,可以预见,未来人工智能必将打破众多应用的边界，将众多功能整合到一起，为用户实现个性化定制，集实用与娱乐于一体，实现真正的"万物互联"。

在商业领域，人工智能究竟能够带来多少价值，带来哪些价值？制约其发挥作用、产生价值的要素又是什么？这都值得我们思索。不过可以确定的是，人工智能必然会从云端向边缘端扩展，人工智能落地商业的方向是更高效、更实时、更好地洞悉客户需求，更好地指导生产，更好地服务客户等。

记住，人工智能是企业发展的驱动力，掌握了人工智能的奥秘，也就抓住了企业制胜的钥匙！

目录

上篇 知识篇

第一章 人工智能，已无处不在 / 2
　　人工智能发展现状 / 3
　　人工智能的本质与灵魂 / 7
　　人工智能并非超越人类智慧 / 10
　　人工智能引领商业变革 / 13
　　本章小结 / 18

第二章 人工智能的演变浪潮 / 20
　　人工智能的起源与开端 / 21
　　语音识别技术引发人工智能浪潮 / 26
　　围棋大战推动人工智能大发展 / 28
　　本章小结 / 32

第三章　人工智能的技术支撑 / 33

大数据：人工智能的能量之源 / 34

云计算：人工智能的超级大脑 / 38

深度学习：驱动人工智能的蓬勃发展 / 40

物联网：相辅相成的共同体 / 42

本章小结 / 45

第四章　人工智能的核心算法 / 47

朴素贝叶斯 / 48

TF-IDF 算法 / 57

AdaBoost 算法 / 61

基于 K 近邻算法的分类器 / 68

交替最小二乘（ALS）推荐算法 / 76

Apriori 算法 / 84

决策树 / 89

逻辑回归算法 / 96

本章小结 / 105

下篇　运用篇

第五章　企业商业领域的应用 / 108

腾讯一站式工业 AI 平台 / 109

京东分布式向量搜索系统 / 112

美团的 AI 应用 / 114
百度中文纠错技术 / 118
科大讯飞智能语音 / 122
字节跳动的自动写稿机器人 / 124
Uber 的实时定价 / 127
本章小结 / 132

第六章　智能城市：未来感，就在指尖 / 134
合理规划城市 / 135
增强城市公共安防管理 / 139
智慧社区建设 / 143
本章小结 / 148

第七章　智能教育：因材施教，培养新型人才 / 149
AI 老师上线：高效、个性 / 150
智能语音系统：提高英语教学效果 / 154
智能批改作业：节省老师时间 / 155
智能分析技术：个性化学习，做到因材施教 / 158
本章小结 / 163

第八章　智能电商：运营能力七十二变 / 164
无人机帮你送快递 / 165
实时聊天机器人 / 169

议价 AI / 173

智慧用户界面 / 177

语音搜索 / 179

AI 图像搜索 / 182

产品可视化工具 / 185

个性化消息推送 / 189

用户画像 / 194

本章小结 / 201

第九章　智慧政府：让服务更有温度 / 203

群众咨询引入智能客服 / 204

政务大厅智能引导服务 / 208

智能工单服务 / 212

语义分析感知社情民意 / 214

本章小结 / 218

后记 / 219

上篇　知识篇

第一章　人工智能，已无处不在

大咖谈 AI：

"技术日新月异，人类生活方式正在快速转变，给人类历史带来了一系列不可思议的奇点。我们曾经熟悉的一切，都开始变得陌生。"

——约翰·冯·诺依曼（John von Neumann）

"人工智能更像是一门人文学科，其本质在于尝试理解人类的智能与认知。"

——塞巴斯蒂安·特伦（Sebastian Thrun）

当今世界，人工智能的影响力无处不在，小到百姓的衣食住行，大到工业生产、军事与航空航天等领域，人工智能已贯穿于社会生活的各个层面。从"深蓝"战胜国际象棋大师，到无人机的察打一体化，再到工业机器人的大量运用，人工智能的影响力已遍布各领域。

在这个逐渐被 AI 包围起来的大环境下，商业环境也面临着进步与重塑，如何将 AI 带来的挑战转换为推动商业发展的催化剂，将是企业不得不思考的问题。

人工智能发展现状

人工智能不仅引爆了产业的变革，还带来了时代的变革。只要稍微回顾一下，就能发现，以蒸汽机、电气技术、计算机信息技术为代表的前三次工业革命，确实让我们的工作方式、社会结构、经济发展等进入了一个崭新的周期。发展到 21 世纪，哪种技术可以跟历次工业革命中的先导科技相提并论呢？一定是正在步入成熟增长期的人工智能技术。

其实，这个概念早在 1956 年就被几个计算机科学家在达特茅斯的会议上提出。当时，人们对于人工智能的幻想跟现在比没有多大差别，人们用数学的推导、拟人化产品 demo 等手段去证明"人工智能时代将要来临"，甚至还出现了"再过 10 年机器人将会取代大部分人类"的论调。

概括起来，人工智能的发展历程可以划分为以下 6 个阶段：

第一阶段，起步发展期。1956 年至 20 世纪 60 年代初。"人工智能概念"提出后，取得了一批令人瞩目的研究成果，比如，机器定理证明、跳棋程序等，掀起了人工智能发展的第一个高潮。

第二阶段，反思发展期。20 世纪 60 年代至 70 年代初。人工智能的发展提高了人们对人工智能的期望，人们尝试更具挑战性的任务，提出了一些不切实际的研发目标。可是，一个个落空的目标，使人工智能的发展走入低谷。

第三阶段，应用发展期。20世纪70年代初至80年代中期。专家系统模拟人类专家的知识和经验来解决特定领域的问题，人工智能开始从理论研究走向实际应用，从一般推理策略探讨转向运用专门知识，人工智能走入应用发展的新高潮。

第四阶段，低迷发展期。20世纪80年代中期至90年代中期。随着人工智能的应用规模不断扩大，专家系统的弊端日益凸显：应用领域狭窄、缺乏常识性知识、知识获取困难、推理方法单一、缺乏分布式功能、无法与现有数据库兼容等。

第五阶段，稳步发展期。20世纪90年代中期至2010年。随着网络技术特别是互联网技术的发展，人工智能的创新研究速度更快，人工智能技术进一步走向实用化。

第六阶段，蓬勃发展期。2011年至今。随着大数据、云计算、互联网、物联网等信息技术的发展，以深度神经网络为代表的人工智能技术飞速发展，跨越了科学与应用之间的"技术鸿沟"，比如，图像分类、语音识别、知识问答、人机对弈、无人驾驶等人工智能技术，实现了技术突破，迎来了爆发式增长。

如今，人工智能技术已经逐步融入商业生活的方方面面，各种资本、巨头和创业公司纷纷涌入，将AI拉到了信息产业革命的风口，许多巨头公司已经预见到了AI技术的巨大发展潜力。那么，究竟什么是AI呢？简而言之，所谓AI技术就是，运用电脑系统来模拟人类的思考方式，例如，人类是怎么解决问题、学习和判断的。使用各种更新的算法，更准确地模拟人类的行为和思考过程，更好地帮助甚至替代人类来作出决定。即使在技术发展初期，在商业领域，各大公司也对 AI 技术的应用抱有巨大的期望。

自 2016 年以来，全国"两会"上关于人工智能的声音越来越多。比如，在 2017 年的"两会"上，百度 CEO 李彦宏一共提交了三份提案，这些提案都跟人工智能相关；而科大讯飞董事长刘庆峰，甚至还提议将"智能+"上升为国家战略……在 2021 年全国"两会"上，"人工智能"依然是高频词语。

在 2021 年全国"两会"上，李彦宏一共提交了五份提案，涉及自动驾驶和智能交通、智慧养老进社区等方面，都跟人工智能相关；联想董事长兼 CEO 杨元庆提出了"新 IT"，即 Intelligent Transformation（智能转型）的概念；小米创始人雷军的建议涉及智能制造等三个方面……在被表决通过的"十四五"规划纲要中，"科技"一词共出现了 36 次，"数字"共出现了 17 次，"智能"出现了 7 次。这三个高频词，和人工智能有着密不可分的联系，人工智能是当今世界最前沿的科技形态之一，而数字化则是人工智能赖以飞速发展的基础。

人工智能处于计算机技术的前沿，其研究和发现在很大程度上决定着计算机技术的发展方向。随着人工智能在移动互联网、智能家居等领域的发展，人工智能产业已然迎来高速成长。随着国家政策的倾斜和 5G 等相关基础技术的发展，中国人工智能产业进入快速增长阶段，市场发展潜力巨大。截至 2020 年 6 月底，我国人工智能核心产业规模达 770 亿元，预计到 2025 年将达到 4000 亿元，我国未来有望发展为全球最大的人工智能市场。

经过不断发展，人工智能领域专业化和细分化程度必然会进一步提升，进入广泛应用的商业化落地阶段。2021 年是"十四五"规划的开局之年，从人工智能赋能各行业的现状可以断定，这一设想多数都能实现。

随着人工智能技术与传统行业经营模式及业务流程的融合，智能经济时代的全新产业版图必然会初步显现。

要想制定人工智能发展的战略、方针和政策，首先就要准确把握人工智能技术和产业发展的现状。

1. 人工智能的运用处于起步阶段

人的大脑是一个通用的智能系统，对于一项知识，能够举一反三、融会贯通，可以解决视觉、听觉、判断、推理、学习、思考、规划、设计等问题。真正意义上的人工智能系统是一个通用的智能系统，目前虽然专用人工智能领域已经取得突破性进展，但是该领域的研究与应用仍然存在很多问题和困难。人工智能总体发展水平仍处于起步阶段，虽然在信息感知、机器学习等方面取得了显著进步，但在概念抽象和推理决策等方面的能力还很薄弱。

2. 专用人工智能取得重要突破

从可应用性角度来看，人工智能基本上可以分为两种：专用人工智能和通用人工智能。面向特定任务的专用人工智能系统，一般都任务单一、需求明确、应用边界清晰、领域知识丰富、建模简单，在局部智能水平的单项测试中完全可以超越人类智能。而人工智能在专用智能领域的运用，例如，阿尔法狗（AlphaGo）在围棋比赛中战胜人类冠军，至少说明人工智能在大规模图像识别和人脸识别中确实已经超越了人类。

3. 创新生态布局

人工智能创新生态包括纵向的数据平台、开源算法、计算芯片、基础软件、图形处理器等技术生态系统，以及横向的智能制造、智能医疗、智能安防、智能零售、智能家居等商业和应用生态系统。目前，智能科技时代的信息产业格局还没有形成垄断，为了抢占人工智能相关产业的制高点，各产业巨头都在积极推动人工智能技术生态的布局。

4. 人工智能的社会影响巨大

一方面，人工智能作为新一轮科技革命和产业变革的核心力量，推动了传统产业的升级换代，驱动了"无人经济"的快速发展，对智能交通、智能家居、智能医疗等领域产生了积极影响。另一方面，在个人信息和隐私保护、创作内容的知识产权等方面，人工智能还可以及时提供解决方案。

人工智能的本质与灵魂

既然人工智能对产业有这么巨大的作用，那么，究竟什么是人工智能？其本质和灵魂又是什么呢？

AI风暴——人工智能的商业运用

"人工智能"的概念，最早可以追溯到20世纪90年代初。该概念的提出者是科学家图灵。

1936年5月，24岁的艾伦·麦席森·图灵向伦敦权威的数学杂志投了一篇论文，题为《论数字计算在决断难题中的应用》，描述了一种可以辅助数学研究的机器，即"图灵机"。"图灵机"设想，让人类首次在纯数学的符号逻辑和实体世界之间建立了联系。这一设想，直接催生了1946年世界第一台通用计算机以及"人工智能"概念。

1950年，图灵又发表了论文《电脑能思考吗?》，更加稳固了自己的"人工智能之父"地位，开启了人类对人工智能的探索。

1980年，研究者利用"数据+统计"的方法，在人脸识别、手写识别等问题上取得了成果，但"基本能用"和"实战"之间还存在巨大的鸿沟，研究失利。

直到1997年，IBM超级计算机"深蓝"击败人类象棋冠军，"人工智能"概念再一次引发了人们的关注，并使人们对其产生浓厚的兴趣。

关于人工智能的定义，到现在已经出现了许多，在商业领域随处都能听到"智能"这个词。其实，所谓人工智能，就是人类创造出来的智能，能够像人一样处理商业领域的问题，比如，与客户对话，对紧急情况作出处理和判断等。它们的"大脑"运算能力远超人脑，对问题处理更迅速，随着计算机速度的飞速提高，处理问题的速度会更快。

以 AlphaGo 为例，其之所以能够击败人类的围棋高手，就是因为它具有由"小"变"大"的能力。工作人员将十几万的围棋博弈输入它的"大脑"，它会进行自我"对战"，产生出几百万甚至几千万的围棋博弈或棋谱，应付人类的围棋博弈时，自然就会显得更加从容不迫。而只要花费短短的几分钟时间，它就能将十几万的围棋棋谱衍变成几千万的棋谱，甚至还会长期记忆。

现实中，很多人都说，人工智能是一门新的学科，内容涉及脑科学、计算机科学、统计学、社会科学等。但迄今为止，脑科学对人工智能的贡献依然不大，统计学对机器学习的崛起却发挥了较大作用。目前，世界各地都在对人工智能进行深入研究，人类已经感受到了该技术带来的便利和福利，相信在未来，更多的人工智能会出现在商业领域，引发商业领域的新突破。

到目前为止，人工智能依然是计算机科学的一个分支。关于这一点，可以从两个角度来说明：从基础研究来看，人工智能是计算机科学的前沿研究；从应用来看，人工智能是计算机技术的非平凡应用。智能化的前提是计算机化，目前还不存在脱离计算机的人工智能。

经济学家普遍认为，经济发展会经历一个 50~60 年的长波周期，从蒸汽机的推广应用开始，人类社会已经历了五个经济长波，现在处于第五个经济长波的下降期。其中，第四波以电子计算机与集成电路的发明为标志，第五波以互联网和移动通信的兴起为标志。目前人工智能还处于初级阶段，经过十多年的推及，以人工智能、大数据、物联网、生命科学等技术为标志,就会出现经济高速发展的第六波。而从第四波到第六波,都属于信息时代。

真正作人工智能研究的专家说话一般都比较谨慎,而吹嘘"人工智能万能"的大多不是真正的专家,我们对人工智能技术的大规模普及应用要有足够的耐心。未来10~15年,对经济贡献最大的可能不是大数据和人工智能的新技术,而是大数据和人工智能等信息技术融入各产业的新产品、新业态和新模式。这些创新都是已知技术的新组合。

人工智能,与其说是技术上的重大突破,不如说是智能化应用的一波大浪潮。

人工智能并非超越人类智慧

人工智能其实是人类智慧的结晶。

如今,人工智能正以指数级的速度发展着,并取得了数次大突破。

在2016年3月进行的人机围棋大战中,AlphaGo以4∶1战胜了李世石,使人工智能成为21世纪人类最为关注的科技热点。但同时,人们对人类智能的争议也不断增加,有些人甚至担忧人工智能的发展达到"技术奇点",会带来"智能爆炸";有些人则认为这种担忧有些杞人忧天。其实,即使AlphaGo最终获胜,也只能证明人类的程序设计能力和计算能力超强，并不能说明人工智能已超越了人类。

那么，人工智能到底会不会发展到超越人脑，从而脱离人类的控制？其发展的极限在哪儿？……这些围绕人工智能和人类智慧博弈的问题，成了当下最热门的讨论。

在我们回答这个问题之前，首先需要理解究竟什么是"智力"，如果连这个概念都搞不清楚，"人工智能超越人类智慧"就是一笔糊涂账。所谓"人工智能超越人类"，关键还在于人类和人工智能的智力比拼。

在心理科学中，"智力"本身就是一个极具争议的概念，许多人都用不同的表达方式进行了定义。虽然目前有关智力的定义已经超过百种，但关于智力的明确定义依然处在争议和讨论中。

当然，智力概念之所以会出现混乱状况，不仅跟人类社会对智力的不同理解角度有关，还在于大脑认知智力本身就具有先天的复杂性。如果这个问题本身混乱不统一，不能明确说出令人信服的智力定义，该预测就是胡扯。

人工智能智商评测结果表明，智能或智力是由不同因素组成的，至少包括知识获取能力（观察能力）、知识掌握能力、知识创新能力、知识反馈能力（表达能力）等，以及翻译、计算、排列、联想、创造、猜测、挑选、发现（规律）等 15 个小类。测量智力，需要对这些要素进行测量。这些要素的权重各不相同，常识和计算等要素权重较低，而创造和联想等要素权重较高……只有对这些内容进行综合测试，才能得出一个完整的智力指数。

人工智能能否超越人类？答案当然是否定的，主要原因如下：

1. 生物进化的方向不明，AI 的进化没有可比性。

自 AI 诞生以来，一直都在不断进化，但是进化并不意味着超越。AI 进化的方向不明确，AI 进化的动力来自人类，是两个限制条件，"AI 超越人类"的命题本身就没有意义。目前，人工智能的理论和实际技术还不完善，人工智能将来会向哪个方向进化并不确定，要想搞清楚人工智能的方向，需要进行更多的理论研究、算法的改进乃至创新。人脑是宇宙中最复杂的，人类还没有研究出它是如何一步步进化到今天的样子，继而一步步具备了今天人类的智慧的。既然两者的方向尚不明晰，把两个方向不一样的事物进行比较得出高低级之分，本身就没有意义。

2. AI 进化动力来自人类，要注意人类自身的失控。

"人工智能超越人类"论调很容易引发人类的恐慌心理，举几个例子：无数的重复性工作已经被机器人取代，人们生怕被人工智能抢了饭碗；人工智能还能作画、写诗、写书法，艺术家也开始慌了。再加上科幻电影的影响，人们更加开始担心人工智能会奴役人类。

那么，人工智能真的能引发这类事件吗？细细分析就能知道，那些说法都太过荒谬。

首先，人工智能不断进化，确实能对商业产生影响，但主要还是重复性劳动的工作。创造性的工作，包括科学家、艺术家、音乐家、新闻记者、研发类技术工程师等，机器根本就无法取代。比如，人工智能程序写新闻稿，素材准备、线索发现、价值提炼，还得由人类记者去完成，机器无法替代。

其次，人工智能是"人工"的，无论如何进化，进化动力都是人类，即人工智能的研发者。无论如何神化人工智能，人工智能程序依然是由程序员一行行代码写出来的，产品经理一条条规则定下的，人工智能无法自动进化。

这时候，需要关注的并不是"人工智能超越人类"，而是开发人工智能程序的程序员、产品经理和控制程序员，为了约束他们的行为，需要对他们建立一套道德规范和法律规范。人的恐惧，一般都来自自己，所谓奴役，也是人类对自己的奴役，只有依靠道德、法律规范，商业才能正常运转。

由此可见，"人工智能能否超越人类"，并不是谁超越谁的问题，更不是谁奴役谁的问题。不论是从现实出发来展望，还是从人类的理想来希望，都应该各司其职、各得其所。未来的智慧世界应该是机器与人类的分工，低端重复性的智能由机器承担，高端创造性的智能由人类来承担。我们需要做的是，放开那些惊人之语，让人工智能尽情地改善企业运营之路。

人工智能引领商业变革

如今，人工智能已经爆发出来的惊人潜能，吸引了商业人士的广泛关注。

举个例子:

2017年10月17日京东和搜狗合作,发布了《京搜计划》,标志着人工智能在电商场景中为用户提供精准推荐的成功落地。

在这次合作中,京东与搜狗采取了"三步走"战略:第一步,打通搜狗与京东的数据;第二步,打通搜狗与京东的产品库;第三步,利用搜狗的智能化商业产品,对京东平台上的数百万件商品进行曝光。

为了实现第三步的目标,搜狗不仅要洞察海量用户的商业意图,还要对京东商品库中的商品进行细致分析,创建高亮图谱,为用户提供个性化推荐,根据用户需求与喜好,主动为他们匹配合适的产品。

在2017年"双11"期间,京东50%的广告物料都是自动生成的。广告物料生成后,立刻跟搜狗的全线产品结合在一起,进行线上推广。

此次合作之所以能成功,就是因为其技术基础——基于AI的智能匹配已经成熟。

人工智能、自动化等颠覆性技术的迅速发展正在改变现代商业,不仅为企业提高效率、提高生产率铺平了道路,多数企业还将人工智能和自动化视为一种变革的驱动力,实现了业务增长。

站在新的时代关卡,将人工智能技术赋能生产、分配、交换、消费等经济活动环节,其战略和前瞻意义就能持续显现,随着关键技术和商业模式的不断成熟，人工智能技术也会进一步释放出巨大能量，促进新一轮产业变革。

人工智能技术对企业运营的影响主要体现如表 1-1 所示。

表1-1　人工智能技术对企业运营的影响

影响	说明
第一	人工智能技术可以以惊人的速度改变企业，让企业获得更广泛的市场份额。人工智能系统可以自动生成关于数据可访问性的报告，先进的自动化解决方案还能帮助企业为客户创建交互式和参与式的平台。使用销售和市场营销等自动化流程，还能让客户及时了解销售、折扣和其他促销优惠，业务主管可以通过部署高级度量来回答客户的查询。如此，就能鼓励客户保持忠诚，甚至在很大程度上影响他们的购买决策。
第二	人工智能可以帮助企业逐渐培养敏捷性、响应能力和节省成本，使企业更好地适应快速变化的商业环境，即使在恶劣环境中也是如此；根据不断变化的业务场景变量，实施战略计划和工作流，就能促进组织内的转型。同时，企业主管还能收集大量信息，综合信息，根据需要进行部署；使用人工智能系统，还能探索成功所需的人才库，查询组织内部数据。
第三	应用人工智能，可以优化客户流量，改善客户关系和整体效率，减少服务交付时间。可以帮助企业更好地了解客户、产品或服务。
第四	利用先进的自动化和人工智能解决方案，企业就能获得益处，比如，运用人工智能，IBM公司发明了名为"沃森（Watson）"的计算系统，能够对数千项研究成果进行查阅，被广泛运用于许多大型企业。

总之，人工智能的使用，能够通过增强灵活性、最小化系统的复杂性以及不断地尝试新产品和服务的能力，使企业进行创新和发展。

到目前为止，运用人工智能技术，引发商业变革的领域主要有：

1. 制造领域。智能制造的出现得益于新一代信息通信技术与先进制造技术的深度融合，贯穿在设计、生产、管理、服务等各个环节，具有自感知、自学习、自决策、自执行、自适应等功能，是一种新型的生产方式。

智能制造对人工智能的需求主要表现在以下三个方面：

（1）智能服务。关键技术包括大规模个性化定制、远程运维和预测性维护等具体服务模式，涉及跨媒体分析推理、自然语言处理、大数据智能、高级机器学习等。例如，与智能装备故障问题有关的纸质化文件，可以通过自然语言处理，形成数字化资料，再通过非结构化数据向结构化数据的转换，形成深度学习所需的训练数据，搭建起分析设备故障的神经网络，为下一步故障诊断、优化参数设置提供决策依据。

（2）智能装备。具体设备包括自动识别设备、人机交互系统、工业机器人和数控机床等，涉及跨媒体分析推理、自然语言处理、虚拟现实智能建模和自主无人系统等关键技术。

（3）智能工厂。具体内容包括智能设计、智能生产、智能管理以及集成优化等，涉及跨媒体分析推理、大数据智能、机器学习等关键技术。

2. 物流领域。人工智能在物流企业的运用主要表现在：利用条形码、射频识别技术、传感器、全球定位系统等，改善运输、仓储、配送装卸等物流业活动，使用智能搜索、推理规划、计算机视觉和智能机器人等技术，实现货物运输的自动化运作和高效率优化管理，提高物流效率。例如，在仓储环节，利用大数据，对大量历史库存数据进行智能分析，就能建立预测模型，实现物流库存商品的动态调整。

3. 家居领域。智能家居以住宅为平台，基于物联网技术，由硬软件系统、云计算平台构成。该家居生态圈实现了人类远程控制设备、设备间互联互通、设备自我学习等功能，还能通过用户行为数据的收集和分析，为用户提供个性化的生活服务，使家居生活更安全、更节能、更便捷等。例如，借助智能语音技术，用户就能应用自然语言对家居系统各设备进行有效操控，比如，开关窗帘（窗户）、操控家用电器和照明系统、打扫卫生等。

4. 金融领域。人工智能的飞速发展给金融业带来了深刻影响，应用主要包括：智能获客，依托大数据，对金融用户进行画像，提升获客效率；身份识别，以人工智能为内核，通过人脸识别、声纹识别、指静脉识别等手段，对用户身份进行验证，提高安全性；大数据风控，将大数据、算力和算法等结合起来，搭建反欺诈、信用风险等模型，控制金融机构的信用风险和操作风险，同时避免资产损失。

5. 媒体和娱乐领域。计算机生成的电影角色与真实的人类扮演差异已然变小，表情和反应栩栩如生，观众根本就辨别不出来。可实时学习的网络游戏中，游戏中的角色、场景可以根据在线学习用户的个人习惯，实现动态调整，让剧情线和角色反应变得无法预测，使游戏更具趣味性。

本章小结

经过不断发展,人工智能领域专业化和细分化程度必然会进一步提升,进入广泛应用的商业化落地阶段。随着人工智能技术与传统行业经营模式及业务流程的融合,智能经济时代的全新产业版图必然会初步显现。要想制定人工智能发展的战略、方针和政策,首先就要准确把握人工智能技术和产业发展的现状。

到目前为止,人工智能依然是计算机科学的一个分支。关于这一点,可以从两个角度来说明:从基础研究来看,人工智能是计算机科学的前沿研究;从应用来看,人工智能是计算机技术的非平凡应用。智能化的前提是计算机化,目前还不存在脱离计算机的人工智能。

"人工智能能否超越人类",并不是谁超越谁的问题,更不是谁奴役谁的问题。不论是从现实出发来展望,还是从人类的理想来希望,都应该各司其职、各得其所。未来的智慧世界应该是机器与人类的分工,低端重复性的智能由机器承担,高端创造性的智能由人类来承担,要让人工智能尽情地改善企业运营之路。

人工智能、自动化等颠覆性技术的迅速发展正在改变现代商业,不仅为企业提高效率、提高生产率铺平了道路,多数企业还将人工智能和自动化视为一种变革的驱动力,实现了业务增长。站在新的时代关卡,将人工智能技术赋能生产、分配、交换、消费等经济活动环节,其战略和前瞻意义就能持续显现。随着关键技术和商业模式的不断成熟,人工智能技术也会进一步释放出巨大能量,促进新一轮产业变革。

AI风暴——人工智能的商业运用

第二章 人工智能的演变浪潮

大咖谈AI：

"随着整个人类社会及其面临的问题越来越复杂，机器也将变得越来越智能。人们将让机器为自己作出更多决策，因为机器作出的决策能带来比人类决策更好的结果。"

——泰德·卡钦斯基（Ted Kaczynski）

"人工智能是人类正在从事的最为深刻的研究方向之一，甚至比火与电还要更加深刻。"

——桑德尔·皮猜（Sundar Pichai）

人工智能于1956年作为一门新兴学科的名称被正式提出，之后经过不断的发展和运用，取得了惊人的成就。经过多年的运用和发展，如今人工智能已经在"听、说、看"等领域达到或超越了人类水准，但在认知智能领域还处于初级阶段。

未来，人工智能必然会引领第四次工业革命。借助人工智能，从认知心理学、脑科学和人类社会历史中汲取灵感，结合跨领域知识图谱、因果推理、持续学习等技术，就能建立稳定获取和表达知识的有效机制，让知识能够被机器理解和运用，实现从感知智能到认知智能的关键突破。

人工智能的起源与开端

说到人工智能的起源，应该从几个阶段来说明，从一定意义上来说，人工智能的出现还是人类在追求智慧能力过程中的一种反思。

为了提高征服自然的能力，一直以来，人们都在想办法用机器来代替部分脑力劳动。其中，对人工智能的产生和发展发挥过重大影响的主要研究成果包括这样几个：

公元前384—前322年，哲学家亚里士多德（Aristotle）在名著《工具论》中提出了一些形式逻辑的主要定律，直到今天，他提出的三段论依然是演绎推理的基本依据。

英国哲学家培根（F. Bacon）不仅系统地提出了归纳法，还说出了"知识就是力量"的警句，影响了人类思维过程的研究，对20世纪70年代人工智能转向以知识为中心的研究产生了重大影响。

德国数学家和哲学家莱布尼茨（G.W.Leibniz）提出了万能符号和推理计算的思想，他认为，可以建立一种通用的符号语言，并在该符号语言上进行推理演算，为数理逻辑的产生和发展奠定基础，孕育出现代机器思维设计思想的萌芽。

英国逻辑学家布尔（C. Boole）致力于使思维规律形式化和实现机械化，创立了布尔代数。在《思维法则》一书中，他首次用符号语言描述了思维活动的基本推理法则。

1936年，英国数学家图灵（A. M. Turing）提出了一种理想计算机的数学模型，即图灵机，为电子数字计算机的出现奠定了理论基础，他也被称为"计算机之父"。

1943年，美国神经生理学家麦克洛奇（W. McCulloch）与匹兹（W. Pitts）构建了第一个神经网络模型（M-P模型），开创了微观人工智能的研究领域，为人工神经网络的研究奠定了基础。

在1937—1941年间，美国爱荷华州立大学的阿塔纳索夫（Atanasoff）教授和研究生贝瑞（Berry）一起开发了世界上第一台电子计算机，名字叫"阿塔纳索夫-贝瑞计算机"，为人工智能的研究奠定了物质基础。

由此可见，人工智能的产生和发展绝不是偶然的，而是科学技术发展的必然产物。

其实，人工智能的思想萌芽完全可以追溯到17世纪的巴斯卡和莱布尼茨，因为正是这两个人，较早萌生了"有智能的机器"的想法。

19世纪，英国数学家布尔和德·摩尔根提出了"思维定律"，标志着人工智能的诞生。

19世纪20年代，英国科学家巴贝奇设计了人类历史上第一架"计算机器"，也是人工智能硬件的前身。

电子计算机的问世，使人工智能的研究真正成为可能。

目前，人工智能发展异常火热，但事实上这根本就不是一个全新的研究领域。

1950年，大学生马文·明斯基与同学邓恩·埃德蒙一起建造了世界上第一台神经网络计算机。这件事被看作人工智能的起点，马文·明斯基也被后人称为"人工智能之父"。

同样在1950年，艾伦·麦席森·图灵提出了一个举世瞩目的想法——图灵测试。按照图灵的设想：如果一台机器能够与人类开展对话，而不能被辨别出机器身份，这台机器就具有智能。这篇论文预言了创造出具有真正智能的机器的可能性。图灵对人工智能的贡献主要集中体现于两篇论文：一篇对可计算性下了一个严格的数学定义，并提出了著名的"图灵机"设想，从数理逻辑上为人工智能用上机械大脑开创了理论先河；一篇提出了一种判定机器是否具有智能的试验方法，即著名的图灵测试。图灵是第一个严肃地探讨人工智能标准的人，难怪被人们称作"人工智能之父"。

1955年麦卡锡与香衣道作为发起人，邀请人工智能与认知学专家马文·明斯基（Marvin Minsky）、计算机科学家艾伦·纽厄尔（Allen Newell）、诺贝尔经济学奖得主赫伯特·西蒙（Herbert Simon）等科学家聚在一起，在达特茅斯学院召开会议，共同讨论了自动计算机、自然语言处理和神经网络等经典人工智能命题，正式确立了"人工智能"这一术语,并从学术角度对人工智能展开了严肃研究。之后,最早批的人工智能学者和技术开始涌现。这次会议也成为人工智能诞生的标志,从此人工智能走上了快速发展的道路。

对人工智能的研究,大家的研究角度不同,最终形成了不同的研究学派,即早期人工智能的三大主义,如表2-1所示。

表2-1 关于人工智能的研究学派

主义	说明
行为主义	如果说,符号主义偏向于理论逻辑推理,连接主义逻辑性弱,解释性较弱,着重于结果,那么,行为主义就偏向于应用实践,关注的是从环境中学习和修正。行为主义认为,智能取决于感知和行动,智能行为采取的是"感知—动作"模式。智能既不需要知识,也不需要表示,更不需要推理,人工智能完全可以像人类智能一样逐步进化;智能行为只能存在于现实世界中,通过与周围环境的交互,不断表现出来。
连接主义	连接主义源于仿生学,尤其是人脑模型的研究。连接主义的基本思想是:思维的基本是神经元,而不是符号处理过程,人脑不同于电脑;同时,持有这种观点的人还用连接主义的电脑工作模式取代了符号操作的电脑工作模式。在连接主义中,一个概念用一组数字、向量和矩阵或张量表示;概念由整个网络的特定激活模式表示;各节点都没有特定的意义,但各节点都参与整个概念的表示。
符号主义	符号主义的基本思想是:人类的认知过程是各种符号进行推理运算的过程。人是一个物理符号系统,计算机同样也是,因此能用计算机来模拟人的智能行为。知识表示、知识推理和知识运用是人工智能的核心,符号主义认为,知识和概念可以用符号来表示,认知就是符号处理过程,推理则是采用启发式知识及启发式搜索对问题进行求解的过程。

这次会议后，仅用了10多年的时间，人工智能的研究在机器学习、定理证明、模式识别、问题求解、专家系统及人工智能语言等方面就取得了引人注目的成就，例如：

1. 在专家系统方面。美国斯坦福大学的费根鲍姆（E.A.Feigenbaum）领导的研究小组，自1965年开始研究专家系统Denral，1968年完成并投入使用。该专家系统能根据质谱仪的实验，对决定化合物的分子结构进行推理分析。其分析能力已接近甚至超过化学专家的水平，在美英等国得到了广泛应用。该专家系统的成功研制，不仅为人们提供了实用的专家系统，还对知识的表示、存储、获取、推理和利用等技术进行了有益探索，为专家系统的建造树立了榜样，对人工智能的发展产生了深刻影响，其意义远超系统本身在实用中创造的价值。

2. 在定理证明方面。1958年美籍华人数理逻辑学家王浩在IBM-704机器上用3~5分钟证明了《数学原理》中有关命题演算的全部定理（220条），还证明了谓词演算中150条定理的85%。1965年鲁滨逊（J. A. Robinson）提出了"归结"原理，为定理的机器证明作出了重要贡献。

3. 在机器学习方面。1957年罗森·布拉特（Rosen Blatt）研制了感知机。该系统将神经元用于识别，其学习功能引起了人们的广泛兴趣，进一步推动了连接机制的研究。

4. 在问题求解方面。1960年纽厄尔等人通过心理学试验，总结出了人们求解问题的思维规律，编制了通用问题求解程序，可以用来求解11种不同类型的问题。

5. 在模式识别方面。1959年塞尔·夫里奇推出了一个模式识别程序，1965年罗伯特（Roberts）编制出了可分辨积木构造的程序。

6. 在人工智能语言方面。1960年麦卡锡研制出了人工智能语言（List Processing，LISP），是建造专家系统的重要工具。

语音识别技术引发人工智能浪潮

人工智能是计算机科学与技术的一个分支，可以用来分析研究电脑、智能和技术，可以用人类大脑智能类似的方式作出反应，主要包括机器人、语言识别、声音识别、图像识别、自然语言处理等。而语音的出现，又引发了人工智能浪潮的出现。

语音是人类最自然的交互方式，自计算机发明后，人们追求的目标就变成了：机器不仅能"听懂"人类的语言，理解语言中的内在含义，还能作出正确的回答。该过程中一共涉及三种技术，即自动语音识别、自然语言处理和语音合成。其中，语音识别技术是一种机器的听觉系统，通过识别和理解，机器就能把语音信号转变为相应的文本或命令。运用语音识别技术，跟机器进行语音交流，它就能听明白你在说什么。

语音识别技术是一门涉及数字信号处理、人工智能、语言学、数理统计学、声学、情感学和心理学等多学科交叉的科学，可以提供自动客服、自动语音翻译、命令控制、语音验证码等多项应用。

近年来，随着人工智能的兴起，语音识别技术在理论和应用方面都取得了很大突破，从实验室走向市场，逐渐走进了人们的日常生活，被广泛应用于许多领域，主要包括：语音识别听写器、语音寻呼和答疑平台、自主广告平台、智能客服等。

从本质上来说，语音识别是一种基于语音特征参数的模式识别，通过学习，系统就能将输入的语音按照一定的模式进行分类，之后根据判定准则找出最佳匹配结果。目前，模式匹配原理已经被应用于多数语音识别系统中。

1956年约翰·麦卡锡首次提出了"人工智能"的概念，认为人工智能就是机器展示的人类智能。20世纪70年代，许多国家都对人工智能进行了研究，得到大量研究成果。例如，1972年法国马赛大学的科麦·瑞尔（A. Comerauer）提出并实现了逻辑程序设计语言Prolog；斯坦福大学的肖特利夫（E.H.Shortliffe）等人开始研制用于诊断和治疗感染性疾病的专家系统Mycin。

但是，跟其他新兴学科的发展一样，人工智能的发展道路同样崎岖不平，例如，机器翻译的研究并不容易；在其他方面，比如问题求解、神经网络、机器学习等，也遇到了很多困难，人工智能的研究一度陷入困境。

研究人工智能的先驱者经过反复思考，对过去的研究经验和教训进行总结。

1977年，在第五届国际人工智能联合会议上，费根鲍姆提出了"知识工程"的概念，决定以知识为中心展开人工智能研究，多数人接受了这一观点。从此,人工智能的研究迎来了蓬勃发展的新时期,不同功能、不同类型的专家系统纷纷建立,产生了巨大的经济效益和社会效益。例如,地矿勘探专家系统探矿者(Prospector)掌握着15种矿藏知识,不仅能根据岩石标本及地质勘探数据对矿藏资源进行估计和预测,还能对矿床分布、储藏量、品位和开采价值进行推断,制订出合理的开采方案。

专家系统的成功打造,让人们越来越清楚地认识到:知识是智能的基础,对人工智能的研究必须以"知识"为中心。如今,对知识的表示、利用和获取等研究已经取得了较大进展,对不确定性知识的表示与推理也取得了突破性进展,建立了主观贝叶斯定理、确定性理论、证据理论等,解决了许多理论和技术问题。

围棋大战推动人工智能大发展

所谓"人机大战",就是人与计算机的对抗。从本质上来说,其实就是"人脑"与人工智能"机器脑"的对决,是人类智力的比拼。

世界上最早的计算机可以追溯到1946年2月,第一台通用电子数字计算机"埃尼阿克"(ENIAC)研制成功,开启了人工智能的新大门。自此,人类与计算机的对抗就开始了漫长而艰辛的历程。

开始时,人机大战还是人们随意进行的一种休闲人机交互娱乐方式,随着人工智能技术的发展和计算机速度的不断提升,人类和计算机展开了更多的对决,于是就有了早期人机大战的雏形体现。这段时间,人工智能还处于研究与探索阶段,机器根本无法与人类对抗。不过,如今,人工智能已经在博弈中得到广泛应用,并受到世人瞩目。

人们对博弈的研究一直都抱有极大的兴趣,1956年人工智能刚作为一门学科问世时,棋手塞缪尔就已经研制出了跳棋程序。该程序既能从棋谱中学习棋艺,也能从实践中提高棋艺。1959年,该程序击败了塞缪尔本人;1962年,该程序又击败了一个州冠军。

1991年8月悉尼举行了第12届国际人工智能联合会议,IBM公司研制的"深思"(Deep Thought)计算机系统与澳大利亚象棋冠军约翰森(D.Johansen)举行了一场人机对抗赛,结果以1:1平局告终。

1957年西蒙预测:10年内计算机可以击败人类的世界冠军。虽然这一设想没有实现,但40年后"深蓝"计算机就击败了国际象棋棋王卡斯帕罗夫(Kasparov),仅比预测推迟了30年。

1996年2月10—17日,为了纪念世界上第一台电子计算机诞生50周年,美国IBM公司出巨资邀请国际象棋棋王卡斯帕罗夫,与IBM公司的"深蓝"计算机系统进行了六局的"人机大战"。参赛的双方分别代表了人脑和电脑的世界最高水平,这场比赛简直就是"人脑与电脑的世界决战"。当时,计算机"深蓝"的运算速度达每秒1亿次,最终以3.5:2.5的总比分赢得胜利。

"深蓝"的胜利,显示了人工智能所达到的成就。虽然它的棋路还远非真正的对人类思维方式的模拟，但已经向世人说明，电脑能够以人类远不能企及的速度和准确性，实现用人类思维完成任务。

这是人工智能发展的一个重要里程碑。

20世纪90年代中期，网络技术特别是互联网技术获得深入发展，加速了人工智能的创新研究，人工智能技术进一步走向实用化。1997年，IBM"深蓝"再次对卡斯帕罗夫发起了挑战，并最终取胜。这标志着在人机大战的对抗中，机器已经逐渐占上风，开始超越人类。

2006年，在首届中国象棋"浪潮杯"人机大战中，5位中国象棋特级大师被超级计算机浪潮天梭打败。电脑显示，在这次博弈中，浪潮天梭每步棋的速度平均只有27秒，每步都要进行66万亿次的棋位分析与判断思索，最终以11∶9的总比分险胜象棋高手。

2016年，谷歌伦敦子公司Deep Mind开发出一款机器人，将其命名为AlphaGo。自AlphaGo诞生后，人机大战频繁开始。它不断地向各类棋类高手发起挑战，先大胜欧洲围棋冠军樊麾，接着又以4∶1的大比分战胜世界冠军韩国围棋国手李世石。后来，AlphaGo又化名Master，在网络上战胜了多个围棋顶尖高手，取得了辉煌战绩。

AlphaGo虽然是一种机器，但系统里却借鉴了人脑神经网络工作原理，具备自我思考和深层学习能力，可以像人类一样调整下棋的策略和步骤，是科学家和AlphaGo开发者集体智慧的结晶。

不过，在围棋比赛中，机器人虽然战胜了人类顶级选手，但并不能失去人类的控制而取代人类，因为机器本身就是人类智慧的体现。人工智能是使用机器代替人类实现认知、识别、分析、决策等功能，是研究使计算机来模拟人的某些思维过程和智能行为的学科，涉及计算机科学、心理学、哲学和语言学等多门学科。

人机大战开启了人类利用人工智能的新时代，可以预见的是，人类文明有可能由于人工智能的发展而进入智能生活的新应用时代。

本章小结

人工智能的思想萌芽完全可以追溯到17世纪的巴斯卡和莱布尼茨，因为正是这两个人，较早萌生了"有智能的机器"的想法。人工智能的产生和发展绝不是偶然的，而是科学技术发展的必然产物。从一定意义上来说，人工智能的出现还是人类在追求智慧能力过程中的一种反思。

语音识别技术是一种机器的听觉系统，通过识别和理解，机器就能把语音信号转变为相应的文本或命令。从本质上来说，语音识别是一种基于语音特征参数的模式识别，通过学习，系统就能将输入的语音按照一定的模式进行分类，之后根据判定准则找出最佳匹配结果。目前，模式匹配原理已经被应用于多数语音识别系统中。

人工智能是使用机器代替人类实现认知、识别、分析、决策等功能，是研究使计算机来模拟人的某些思维过程和智能行为的学科，涉及计算机科学、心理学、哲学和语言学等多门学科。人机大战开启了人类利用人工智能的新时代，可以预见的是，人类文明有可能由于人工智能的发展而进入智能生活的新应用时代。

第三章 人工智能的技术支撑

大咖谈 AI：

"AI 是未来很重要的一个发展方向，现在很难预料会发生什么，但必定会产生重大影响。"

——中国工程院院士　倪光南

人工智能的发展离不开大数据、云计算、深度学习和物联网等技术的支持。

大数据——海量的数据为人工智能的发展和运营提供了基础。

云计算——运用巧妙的运算规则，赋予工具以"人"的智慧和活力。

深度学习——驱动人工智能的不断发展。

物联网——将世间万物连接成一个整体，打造了更多的命运共同体。

大数据:人工智能的能量之源

大数据是人工智能的能量之源。

那么,究竟什么是大数据呢?所谓大数据,就是在一定时间内无法被传统软件工具捕获、管理和处理的数据集合。这是一项巨大的、高增长的、多样化的信息资产,只有采取一种新的处理模式,才能具有更强的决策能力、洞察力、发现能力和流程优化能力。

大数据以数据为核心资源,生成的数据会被收集、存储、处理、分析、应用和显示,最终实现数据的价值。概括起来,大数据具有如下四个特性:

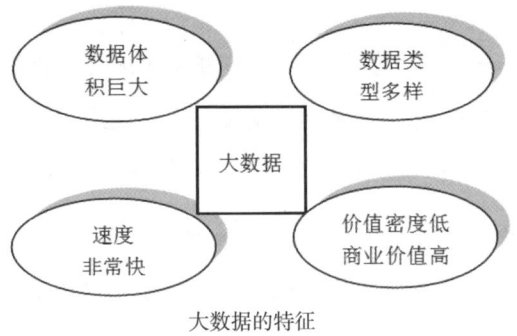

大数据的特征

第一,数据体积巨大。大数据的"大"首先体现在数据量上,其体积异常庞大。在大数据领域,需要处理海量的低密度的非结构化数据，数据价值可能未知，例如，Twitter数据流、网页或移动应用点击流，以及设备传感器所捕获的数据等。在实际应用中，大数据的数据量一般都高达数十TB，甚至数百PB。

第二，速度非常快。大数据的"高速"是指，数据的输入和输出速度都很快。高速接收和处理数据，数据一般都会直接流入内存而非写入磁盘。在实际应用中，某些联网的智能产品需要实时或近乎实时地运行，需要基于数据进行实时的评估和操作，而大数据只有具备"高速"特性，才能做到这一点。

第三，数据类型多样。所谓多样化就是，可用的数据类型众多。传统数据是一种结构化数据，能够整齐地纳入关系数据库中。随着大数据的不断发展，新的非结构化数据类型不断涌现，例如文本、音频和视频等，只有借助额外的预处理操作，才能真正提供洞察和支持性元数据。

第四，价值密度低，商业价值高。随着物联网的广泛应用，信息感知无处不在，但价值密度较低，存在大量不相关信息，需要对未来趋势与模式进行预测分析，利用机器学习、人工智能等，进行复杂分析。而如何通过强大的机器算法，迅速地提炼数据价值，是大数据时代亟待解决的难题。

大数据可以为客户提供全新的洞察，带来新的商机和业务模式。那么，大数据究竟是如何工作的？

1. 大数据集成。大数据工作时，首先要将不同来源和应用的数据汇集在一起，而ETL（提取、转换和加载）等传统数据集成机制却无法胜任这一工作。也就是说,需要运用新的策略和技术来对 TB 甚至 PB 级的大数据集进行分析。集成时,需要导入和处理数据、执行格式化操作,需要用符合业务分析师要求的形式对数据进行整理。

2. 大数据管理。完成第一步后,要将大数据妥善存储起来。存储解决方案,既可以部署在本地,也可以部署在云端。然后,采用多种形式存储数据,为数据集设置处理要求,引入必要的处理引擎。目前,许多客户都是根据数据当前所在位置来选择存储方案的,云解决方案不仅能满足客户当前的计算需求,还支持用户按需、快速地访问数据。

3. 大数据分析。只有认真分析数据并根据数据洞察采取有效行动,大数据投资才会取得回报。对大数据的分析主要就是:对各种数据集进行可视化分析,获得全新理解;进一步探索数据,获得全新洞察;与他人分享洞察,结合机器学习和人工智能构建起一定的数据模型;立即行动,将数据价值释放出来。

大数据具有数据规模扩大、类型多样、生产速度快、处理能力高、时效性强等特点;而人工智能是许多技术的总称,包括机器人技术、语言识别、图像识别、自然语言处理和专家系统。随着新一代信息技术的快速发展,计算能力、数据处理能力和处理速度都得到了极大提高,机器学习算法也快速发展,大数据的价值也得到了充分体现。

大数据和人工智能的关注点虽然不同,却有着密切联系。一方面,人工智能要想进行思考和决策,离不开海量数据;另一方面,大数据也需要借助人工智能技术进行数据价值化操作，比如，机器学习就是数据分析的常用方式。在大数据价值的两个主要体现中，数据应用的主要渠道之一就是智能体，事实证明：为智能体提供的数据量越大，智能体运行的效果就越好。

人工智能的飞速发展，背后离不开大数据的支持。而在大数据的发展过程中，人工智能的加入也使得更多类型、更大体量的数据得到迅速的处理与分析。

目前，人工智能发展所取得的大部分成就都和大数据密切相关。通过数据的采集、处理和分析，从各行各业的海量数据中获得有价值的洞察，就能为更高级的算法提供素材。

人工智能的出现能提高可利用数据的广度。大数据分为结构化数据与非结构化数据，结构化数据记录了生产、业务、交易和客户信息等；但多数数据都是非结构化的。在互联网时代，随着社交媒体的兴起，非机构化数据的增长更为惊人，这就对高级算法提出了要求，需要更高级的人工智能手段和更加先进的调查方法。

目前，大数据相关技术已经趋于成熟，理论体系也已经逐步完善，而人工智能还处于行业发展的初期，理论体系依然有巨大的发展空间。从学习角度来说，只要从大数据开始学习，就能容易地从大数据过渡到人工智能。也就是说，两个技术的发展空间都非常大。

在行业中，人工智能与大数据有着密切关系，大数据的许多应用都能归因于人工智能。随着人工智能的快速应用和普及，积累的大数据越来越多，深度学习和强化学习等算法得到不断优化。将数据技术与人工智能技术更紧密地结合在一起,就能提高理解、分析、发现和决策的能力,获得更准确、更深入的知识,挖掘到数据背后的价值,并产生新的知识。

云计算:人工智能的超级大脑

人工智能的发展离不开三个重要的基础,分别是数据、算力和算法,而云计算是提供算力的重要途径,也是人工智能发展的基础。

云计算,不仅能够为人工智能提供算力支撑,还能为大数据提供数据的存储和计算服务。大数据是人工智能发展的另一个重要基础,从这个角度来看,云计算的运用确实有利于人工智能的发展。

目前,云计算正在从 IaaS(基础设施即服务)向 PaaS(平台即服务)和 SaaS(运营 SaaS 软件的平台)发展,与人工智能的关系越来越密切,主要体现在以下三个方面:

1. PaaS 与人工智能的结合,实现了行业的垂直发展。目前,云计算平台正在全力打造自己的业务生态,而要想在云计算领域形成一个庞大的壁垒,就要借助人工智能。将云计算平台开发出来的部分智能功能跟行业应用结合起来,就能使云计算向更多的行业领域发展。

2. SaaS 与人工智能的结合,拓展了云计算的应用边界。目前,终端应用的迭代速度越来越快,要想实现更快速且稳定的迭代,离不开人工智能的参与。人工智能与云计算的结合,就能让 SaaS 全面拓展应用边界。

  3.云计算与人工智能的结合，降低了开发难度。云计算与人工智能结合，不仅可以降低开发人员的工作难度，还能让云计算平台的资源整合能力变得越来越强大。

  目前，云计算已经成为全世界公认的最大趋势。在人工智能的驱动下，未来的云计算必然会驶入全新的智能领域，主要表现出以下几个趋势：

  1.大数据激增，运算能力成为云计算的新焦点。传统时代，并不存在云计算的说法。因为早期需要解决的问题是存储问题，数以万计的企业网站需要联网，而这些企业也只需要托管服务即可，移动时代却是一个关键性的转折点。移动时代，用户在企业产品中留下的数据开始激增，广泛涉及电商、物流、医疗、教育、营销、金融等诸多行业，只要提高云计算能力，这些企业就能通过用户数据来进行产品的调整和改进。过去，云计算虽然已经解决了存储问题，但并没有解决企业如何处理大数据的问题。一旦存储能力显得不再重要，运算能力也会逐渐成为未来企业全新的追逐对象。

  2.用户交互方式开始多元，企业应对困难。早期的个人电脑时代，操作设备不方便，用户与机器的交互方式只是通过文字进行，移动时代智能手机的出现，带来了巨大的便携性，出现了图片请求、语音请求、视频请求等诸多形式。企业只有抓住这些交互形式，才能将人工智能技术应用到用户场景的变化中，帮助用户方便高效地使用自身产品。

3. 物联网崛起，云计算向人工智能进化。物联网的云计算不同于其他云计算，重点不在于存储和托管，需要制定标准化的管理规则，将设备统一接入、调度和检测等，而这一切又都要依赖于人工智能技术，传统的云计算已经无法继续胜任，不仅需要与人工智能结合在一起，更需要将自身进化成人工智能。

深度学习：驱动人工智能的蓬勃发展

随着深度学习技术的成熟，人工智能也逐步从尖端技术慢慢普及开来。那么，究竟什么叫深度学习呢？

深度学习是一种机器学习的方法，可以理解为神经网络的发展。神经网络是对人脑或生物神经网络基本特征进行的抽象和建模，可以从外部环境中学习到，并以与生物类似的交互方式适应环境。

人工神经是早期机器学习中的一种重要算法，神经网络是调制、训练出来的，很容易出错，最需要的就是训练。

该概念源于人工神经网络的研究，是一个非常火热的研究方向。这里的"深度"，最简单的理解就是"有很多层"。

深度学习是人工智能背后的推动力量，在所有机器学习算法中，最关键的就是深度学习。例如，正在接受计算机视觉训练的深度学习系统可能需要学会识别出现在图像中的物体边缘，因为一旦这些信息被传送到下一层，很可能会学习识别到角落或其他特征。

深度学习是一个全新的网络用语，是指人工神经网络的一个研究概念，只适用于计算机和人工网络。简而言之就是，通过模拟人脑，对大量数据进行分析和统计，甚至模拟人脑的机制，解释数据，分析图像，分辨声音和文本。

计算机不同于人脑，虽然产生于人脑，却优于人脑。人的记忆力是有限的，精力是有限的，甚至对待某件事情，还会受到情感等因素的影响。而计算机却完全不同，它可以在一秒钟内对数百万、数千万甚至数亿的数据进行分析，没有情感，不受时间和精力的限制。

人工智能的发展速度已经远超人们的想象。人工智能之所以能够发展这么快，离不开深度学习。那么，人工智能用深度学习做了哪些事情呢？

第一，创造作品。目前，在"双11"期间，人工智能就已经开始为商家做设计。比如，淘宝推出过一个人工智能设计师，名字叫鲁班，可以为商家设计上亿款海报。而运用人工智能，现在也可以作画。无论是油画，还是素描，人工智能都能在极短的时间内完成。人工智能通过深度学习，记录了几乎所有艺术家、科学家和文学家的作品；之后，再通过指令，参考这些作品完成自己的作品。

第二，图像识别。人有五官，有体形特征，而狗只有大量的毛，四脚行走。人工智能的深度学习就是通过大量人物图片，进行训练，塑造出一个识别人像的模型。然后，由多个模型组成一个网络神经元，再由网络神经元来快速识别。接着，通过大量的升级，识别出各人脸对应出来的信息。

第三,语言识别。人工智能通过深度学习功能,可以将语音转换成一个信息包;然后,再将该信息包上传到网络,快速分辨出声音的来源和内容,比如,百度语音、输入法语音等功能,都是人工智能深度学习的最好体现。

物联网:相辅相成的共同体

"物联网"的概念于1998年由麻省理工学院提出,起初人们的构想便是万物互联的互联网,其本质核心还是互联网,只不过是互联网的一种延伸理念。物联网将各种传感设备收集来的数据与互联网进行连接,使得人们在不同时间、地点作到人机互动。

物联网是新一代信息技术体系的重要组成部分。在互联网行业,物联网又被称作泛互联,其具有两层含义:其一,物联网是基于互联网的一种衍生产品;其二,其客户终端是在物与物之间进行信息交换和通信。因此,物联网的定义是通过射频识别、红外感应器、全球定位系统、激光扫描器等信息传感设备将各种物品与互联网连接起来。

其实,物联网肩负了一个至关重要的任务:资料收集。从概念上,物联网可以连接大量不同的设备和装置,包括家用电器和穿戴式设备。嵌入在各个产品中的传感器,会不断地将新数据上传到云端,继而被人工智能处理和分析,生成所需要的信息并继续积累知识。

目前,物联网最好的应用例子就是共享单车。在一个城市中,涌现出大量的共享单车，如何去定位车辆的情况，如何将单车链接到各平台和终端上？物联网技术在这方面发挥着重要作用。没有物联网技术，仅依靠待机功耗，可能会出现在你需要时共享单车无法开锁的情况，更无法精确地定位到单车的具体位置。

物联网技术主要体现在共享单车的智能锁上，拥有独立的传感器和通信模组，可以实现对周围环境的感知并与物联网平台通信，实现单车的联网。

物联网技术让万物相连，人工智能让万物活起来，实现了物与人的沟通、物与物的沟通，以及数据与数据的沟通。未来，是否会出现大量类似AlphaGo的产品来代替人，不得而知。但在现在的伦理与法律框架下，人工智能和物联网还被人类掌控在手，并不会爆发"终结者"战役。

物联网是新一代信息技术的重要组成部分，也是信息化时代的重要发展阶段。只要设备具有开关，就能将其配置为物联网的一部分。比如，智能锁，当它检测到你的手机在附近时，就能自动解锁；楼梯口使用的感应灯泡，当检测到有人移动时，就会自动开灯。

物联网和人工智能相辅相成，二者缺一不可，只有在技术上共同发展，才能促进其技术衍生行业的发展。二者的联系表现为：

1. 人工智能有助于物联网提高运营效率。通过分析和总结数据信息，人工智能就能对企业服务生产的发展趋势进行解读，并对未来事件做出预测。例如，用人工智能对工厂设备零件的使用情况进行检测，通过数据分析，发现可能出现问题的概率，并做出预警提醒，减少故障的影响,提高运营效率。

2.人工智能让物联网更加智能化。在物联网应用中,人工智能技术可以帮助互联设备应对各类突发情况。当设备检测到异常情况时,运用人工智能技术,就能采取正确的措施,提高处理突发事件的准确性。

3.人工智能为物联网提供强有力的数据扩展。物联网是互联设备间数据的收集及共享,而人工智能会将数据提取出来进行分析和总结,促使设备间更好地携同工作。

总之,人工智能与物联网并不是相互独立的,而是相辅相成的。如果说,人工智能是软件,需要物联网作为载体,那么物联网就是硬件,需要人工智能来驱动。二者互为依靠,缺一不可。

本章小结

大数据具有数据规模扩大、类型多样、生产速度快、处理能力高、时效性强等特点;而人工智能是许多技术的总称,包括机器人技术、语言识别、图像识别、自然语言处理和专家系统。随着新一代信息技术的快速发展,计算能力、数据处理能力和处理速度都得到了极大提高,机器学习算法也快速发展,大数据的价值也得到了充分体现。

人工智能的发展离不开三个重要的基础,分别是数据、算力和算法,而云计算是提供算力的重要途径,也是人工智能发展的基础。云计算不仅能够为人工智能提供算力支撑,还能为大数据提供数据的存储和计算服务。大数据是人工智能发展的另一个重要基础,从这个角度来看,云计算的运用确实有利于人工智能的发展。

深度学习是人工智能背后的推动力量。例如,正在接受计算机视觉训练的深度学习系统可能需要学会识别出现在图像中的物体边缘,因为一旦这些信息被传送到下一层,很可能会学习识别到角落或其他特征。

物联网是新一代信息技术体系的重要组成部分。在互联网行业,物联网又被称作泛互联,其具有两层含义:其一,物联网是基于互联网的一种衍生产品;其二,其客户终端是在物与物之间进行信息交换和通信。因此,物联网的定义是通过射频识别、红外感应器、全球定位系统、激光扫描器等信息传感设备将各种物品与互联网连接起来。

第四章 人工智能的核心算法

大咖谈 AI：

"科技本身没有好与坏，人工智能可以让世界变得更美好。"

——苹果首席执行官　蒂姆·库克

算法，其实并非完全的"舶来品"，中国在很早就有了对算法的研究，西汉的《九章算术》就是其中较早的经典著作，之后又出现了《算法绪论》《算法统宗》等诸多算法名著，可以说算法成为各行业的基础研究在中国由来已久。如今的互联网时代，算法更被广泛应用于各个领域，在自然语言处理、数据分析和挖掘、商务智能、广告与商品推荐等商业领域的研究尤为深入。

由于机器学习是统计学的一个分支，机器学习算法在技术上归类于统计学知识，所以本书将从基础的统计学算法开始，向读者介绍一些人工智能较为主流和常用的算法，并辅以笔者所在企业所操作过的案例。为方便更广泛的读者群体理解和入门，本章节所选案例均已降低模型训练时间和难度，训练模型使用的数据也已简化、清洗和降维到较为理想状态，在实际的操作应用过程中，将会结合多种算法进行优化。

朴素贝叶斯

朴素贝叶斯算法是十大挖掘算法之一，是在贝叶斯算法的基础上进行了相应的简化，即假设给定目标值时属性之间条件相互独立，任何属性变量都不对决策结果发挥最大作用，也不发挥较小的作用。虽然该简化方式在一定程度上降低了贝叶斯分类算法的分类效果，但是在实际的应用场景中，极大地简化了贝叶斯算法的复杂性。

算法原理

朴素贝叶斯分类将建立在贝叶斯定理的基础上，是一种假设特征条件之间相互独立的方法。首先，通过已给定的训练集，以特征词之间独立作为前提假设，学习从输入到输出的联合概率分布；然后，基于学习到的模型，输入 X，求出使得后验概率最大的输出 Y。

假设：样本数据集为 $D=\{d_1, d_2, \cdots, d_n\}$，

对应样本数据的特征属性集就是：$X=\{x_1, x_2, \cdots, x_d\}$，

类变量为：$Y=\{y_1, y_2, \cdots, y_m\}$，即 D 可以分为 y_m 类别。

这里，$x_1, x_2, \cdots, x_d$ 不仅相互独立，还具有随机性，Y 的先验概率为：$P_{prior}=P(Y)$；Y 的后验概率为：$P_{post}=P(Y|X)$。

由朴素贝叶斯算法可知,后验概率可以由先验概率 $P_{prior}=P(Y)$、证据 $P(X)$、类条件概率 $P(X|Y)$ 计算出,即 $P(Y|X) = \dfrac{P(Y)P(X|Y)}{P(X)}$。

运用朴素贝叶斯法,基于各特征之间相互独立性,在给定类别为 Y 的情况下,上式就可以进一步表示为:

$$P(X|Y=Y) = \prod_{i=1}^{d} P(x_i|Y=y)$$

由以上两式,可以计算出后验概率,即:

$$P_{post} = P(Y|X) = \dfrac{P(Y)\prod_{i}^{d}-1P(x_i|Y)}{P(X)}$$

这里,$P(X)$ 的大小固定不变,比较后验概率时,只比较上式的分子部分即可。如此,就能得到一个样本数据属于类别 y_i 的朴素贝叶斯计算:

$$P(y_i|x_1,x_2,\cdots,x_d) = \dfrac{P(y_i)\prod_{j=1}^{d}P(x_j|y_i)}{\prod_{j=1}^{d}P(xj)}$$

算法的应用模型

算法的应用模型就是朴素贝叶斯分类器。从理论上来说,概率模型分类器就是一个条件概率模型,用公式表示为:$P(C|F_1,\cdots,F_n)$。

独立的类别变量 C 有若干类别,条件依赖于若干特征变量,即 $F_1, F_2, \cdots, F_n$。问题在于,如果特征数量 n 较大或每个特征能取大量值,就能基于概率模型,列出概率表:

$$P(C|F_1,\cdots,F_n) = \dfrac{P(C)P(F_1,\cdots,F_n|C)}{P(F_1,\cdots,F_n)}$$

用朴素的语言可以表达为:

$$\text{posterior} = \dfrac{\text{prior} \times \text{likelihood}}{\text{evidence}}$$

现实中，人们一般都只关注分式中的分子部分，因为分母不依赖于 C，特征 F_i 的值是给定的，完全可以将分母认定为一个常数，分子等价于联合分布模型，即：

$$P(C, F_1, \cdots, F_n)$$

重复使用链式法则，就能将该式写成条件概率的形式，如下所示：

$$P(C, F_1, \cdots, F_n)$$
$$\propto P(C)P(F_1, \cdots, F_n | C)$$
$$\propto P(C)P(F_1 | C)P(F_2, \cdots, F_n | C, F_1)$$
$$\propto P(C)P(F_1 | C)P(F_2 | C, F_1)P(F_3, \cdots, F_n | C, F_1, F_2)$$
$$\propto P(C)P(F_1 | C)P(F_2 | C, F_1)P(F_3 | C, F_1, F_2)P(F_4, \cdots, F_n | C, F_1, F_2, F_3)$$
$$\propto P(C)P(F_1 | C)P(F_2 | C, F_1)P(F_3 | C, F_1, F_2)\cdots P(F_n | C, F_1, F_2, F_3, \cdots, F_{n-1})$$

"朴素"的条件独立假设开始发挥作用：假设各特征 F_i 对于其他特征 F_j，$j \ne i$ 是条件独立的，就能得到：$P(F_i | C, F_j) = P(F_i | C)$。

对于 $i \ne j$，联合分布模型可以表达为：

$$P(C | F_1, \cdots, F_n) \propto P(C, F_1, \cdots, F_n)$$
$$\propto P(C)P(F_1 | C)P(F_2 | C)P(F_3 | C)\cdots$$
$$\propto P(C)\prod_{i=1}^{n}P(F_i | C).$$

也就是说，在上述假设下，类变量 C 的条件分布可以表达为：

$$P(C | F_1, \cdots, F_n) = \frac{1}{Z}P(C)\prod_{i=1}^{n}P(F_i | C).$$

朴素贝叶斯分类器是一系列以假设特征之间强（朴素）独立下运用贝叶斯定理为基础的简单概率分类器，能给问题实例分配用特征值表示的类标签，类标签取自有限集合。这并不是一种训练分类器的单一算法，而是一系列基于相同原理的算法：所有朴素贝叶斯分类器都假定样本的每个特征与其他特征都不相关。

运用朴素贝叶斯算法,可以解决很多分类问题,比如,客户是否流失、是否值得投资、信用等级评定等。

该算法假设数据集属性之间是相互独立的,逻辑简单,算法比较稳定,当数据呈现不同的特点时,朴素贝叶斯的分类性能是不会出现太大差异的。也就是说,朴素贝叶斯算法的健壮性比较好,对于不同种类的数据集不会呈现出太大的差异性;如果数据集属性之间的关系相对比较独立,该算法就能得到较好的效果,简单易懂,学习效率高,与决策树、神经网络等不相上下。

算法的实践案例之银行信用卡核卡

本案例主要利用朴素贝叶斯算法,对一批银行的已核卡客户数据进行建模,可以预测"后续客户的信用卡核卡能否通过"。

1. 了解数据。

```
In [2]: df=pd.read_csv("./input/信用评级核卡已清洗数据.csv")
        df
```

Out[2]:

	用户ID	是否通过	年龄	月收入	负债率	可用额度比值	信贷数量	固定资产贷款量	逾期30-59天笔数	逾期60-89天笔数	逾期90天笔数	家属数量
0	1	1	43	5700.0	0.177513	0.885519	4	0	0	0	0	0.0
1	2	0	57	9141.0	0.527237	0.463295	15	4	0	0	0	2.0
2	3	1	59	5083.0	0.687648	0.043275	12	1	0	0	0	2.0
3	4	1	38	3200.0	0.925961	0.280308	7	2	1	0	0	0.0
4	5	1	27	3865.0	0.019917	1.000000	4	0	0	0	0	1.0
...	...	...	...	...	...	...	...	...	...	...	...	...
75591	101496	1	35	4125.0	0.308047	0.718874	8	0	1	1	0	2.0
75592	101498	1	67	5000.0	0.012198	0.045230	4	0	0	0	0	0.0
75593	101499	1	24	1400.0	0.068522	0.282653	5	0	0	0	0	0.0
75594	101500	1	36	7615.0	0.934217	0.922156	8	2	3	0	0	4.0
75595	101503	1	29	5916.0	0.198918	0.441842	12	0	0	0	0	0.0

75596 rows × 12 columns

原始数据清洗前,一共有 101503 个样本;如今,可用的有 75596

个,是清洗之后的数据。

在"是否通过"中,"1"表示信用卡核卡通过,"0"表示不通过。其中,"年龄""月收入""负债率""可用额度比值""信贷数量""固定资产贷款量""逾期30~59天笔数""逾期60~89天笔数""逾期90天笔数"和"家属数量"这10个特征,会直接对预测结果的变量造成影响。

2. 数据处理。

前期,在数据处理阶段,已经进行了缺失值的处理:如果缺失较少,就要将缺失的删掉;反之,缺失过大,就会失去分析的意义,可以将整个字段删掉;缺失较大但是关键的数值,比如月收入,就可以使用平均值进行填充。

在异常值处理中,可以采用箱形图的方式对异常值进行检测,过滤掉一些超离群数据,筛选出剩余数据,用于后续的分析和建模。

3. 数据分析。

查看因变量"是否通过"分布,可以发现:核卡不通过的样本占全部样本的1.00%。

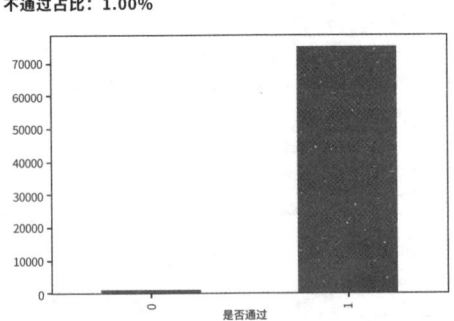

随着年龄的增长，核卡失败率会逐渐降低，且年龄在 38~72 岁之间降低最快。

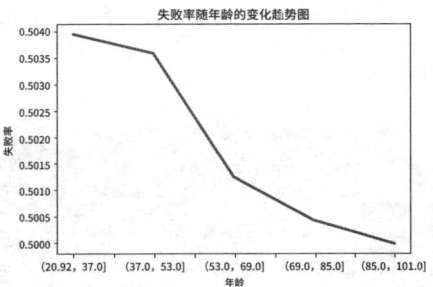

月收入在 0~15000 元之间，核卡失败率会随着月收入的增加而降低，之后进入平稳发展期。

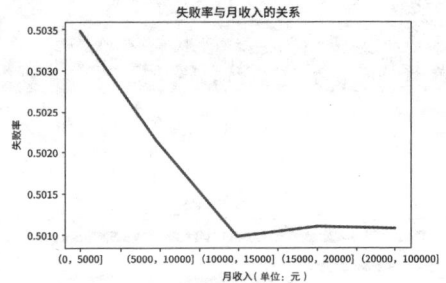

随着家属数量的增加，核卡失败的可能性也会逐渐增大。

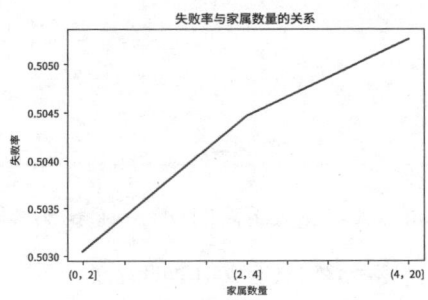

通过该热力图，可以看出各特征间的相关性，每个单元格代表交叉的两个特征相关性。

针对这张图，有这样一条规律：颜色越浅，正相关性越强；颜色越深，负相关性越强。

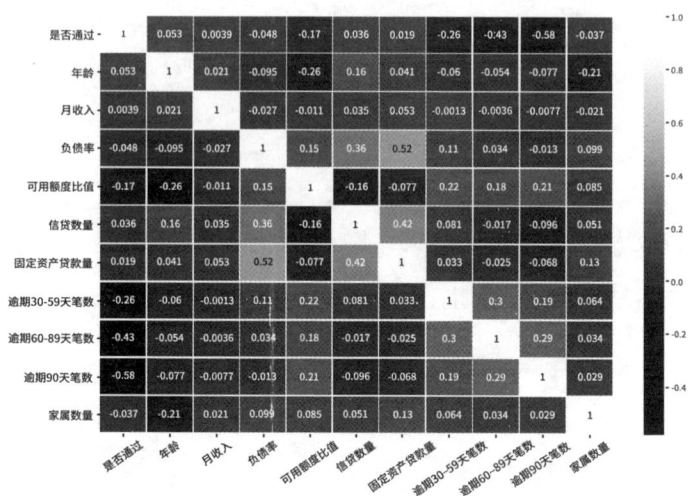

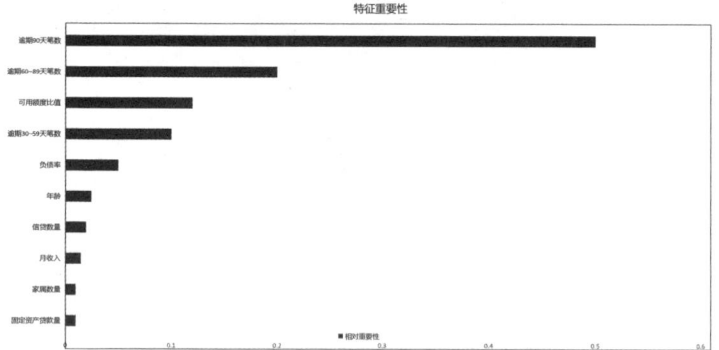

从这张表单可以看出，账单逾期行为，是影响核卡成功率的重要因素；长期逾期，则是影响核卡成功率的关键。

4. 模型部分。

将数据集划分为训练集和测试集,取样本数据中的 10% 做测试集。

```
In [8]: star = df.是否通过
        df.drop(['是否通过'], axis=1,inplace=True)
        data = np.array(df.values.tolist())
        target = np.array(star.values.tolist())
        from sklearn.model_selection import train_test_split
        train_x,test_x,train_y,test_y=train_test_split(data,target,test_size=0.1,random_state=1)
        print("训练集样本数: ",len(train_y),"\n测试集样本数: ",len(test_y))
        训练集样本数:  68036
        测试集样本数:  7560
```

引入朴素贝叶斯库。

```
In [9]: from sklearn.naive_bayes import GaussianNB
```

使用默认参数搭建模型。

```
In [10]: model = GaussianNB()
```

使用 68036 个训练集样本训练模型。

```
In [11]: model.fit(train_x,train_y)
Out[11]: GaussianNB()
```

使用 7560 个测试集样本验证模型的效果。

```
In [12]: test_pred = model.predict(test_x)

In [13]: from sklearn import metrics
         print("准确率:",metrics.accuracy_score(test_y,test_pred))
         准确率: 0.9924603174603175
```

通过 metrics.accuracy_score 函数,得知模型准确率为 99.246%。

```
In [14]: colormetrics = metrics.confusion_matrix(y_true=test_y,y_pred=test_pred)
         fig = plt.figure(figsize=(12,7))
         ax1 = fig.add_subplot(1, 1, 1)
         sns.heatmap(colormetrics,cmap="gray",annot = True,fmt = 'd', annot_kws={'size': 13, 'weight': 'bold'})
         plt.show()
```

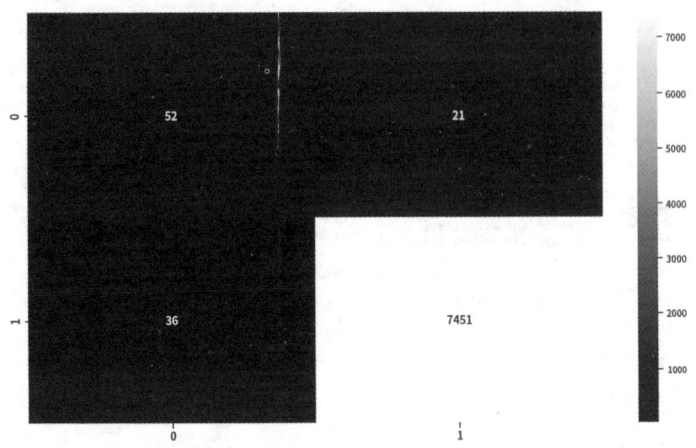

混淆矩阵显示，有 36 个核卡成功的客户被预测成了失败，有 21 个核卡不通过的客户被预测成了通过。

```
In [15]: print(metrics.classification_report(test_y,test_pred))
              precision    recall  f1-score   support

           0       0.59      0.71      0.65        73
           1       1.00      1.00      1.00      7487

    accuracy                           0.99      7560
   macro avg       0.79      0.85      0.82      7560
weighted avg       0.99      0.99      0.99      7560
```

从精度、召回率、F1 分值三个指标可以看出，对"核卡通过"的预测结果要远好于对"核卡不通过"的预测结果。原因可能在于，数据正负样本的不平衡和负样本的样本总量不足。

TF-IDF算法

TF-IDF算法属于搜索引擎中的核心部分,是一种统计方法,可以用来评估某个字词对于一个文件集或一个语料库中一份文件的重要程度。

字词的重要性,会随着它在文件中出现的次数成正比增加,也会随着它在语料库中出现的频率成反比下降。TF-IDF加权的各种形式常被搜索引擎应用,作为文件与用户查询之间相关程度的度量或评级。除了TF-IDF外,为了确定文件在搜寻结果中出现的顺序,因特网上的搜索引擎还会使用基于链接分析的评级方法。

算法原理

TF-IDF的主要思想是:如果某个词或短语在一篇文章中出现的频率TF高,且在其他文章中很少出现,则认为此词或短语具有很好的类别区分能力,适合用来分类。

TF-IDF实际上是:TF × IDF。

这里,TF是词频(Term Frequency),表示词条在文档D中出现的频率。

IDF是逆向文件频率(Inverse Document Frequency),主要思想是:包含词条t的文档越少,n越小,IDF就越大,说明词条t

具有很好的类别区分能力。如果某一类文档C中包含词条t的文档数为m，而其他类包含t的文档总数为k，所有包含t的文档数就是：n=m+k。当m大的时候，n也大，得到的IDF的值小，就说明该词条t类别区分能力不强。但实际上，如果一个词条在一个类的文档中出现的次数太多，则说明该词条能够很好地代表该类文本的特征，要为这种词条赋予较高的权重，同时选来作为该类文本的特征词，跟其他类文档区别开来。而这也是IDF的不足之处。

在一份给定的文件里，词频（Term Frequency，TF）指的是某个给定的词语在该文件中出现的频率。该数字是对词数（Term Count）的归一化，可以防止它偏向长的文件。

算法公式为：

$$tf_{i,j} = \frac{n_{i,j}}{\sum_k n_{k,j}}$$

算法的应用模型：

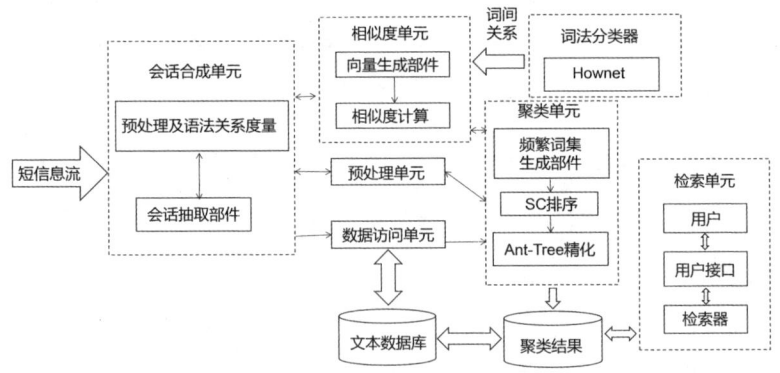

构建搜索引擎时，要构建一个排名算法。

最初版本的做法是：根据一篇文章中词语出现的频率，对各网页进行排序。这种方法缺点很明显，即页面中出现很多中止词（如 the、1、2）时，是无法客观反映搜索词对文档的重要程度的，需要调整某些单词在一般情况下更频繁出现的事实（过滤中止词）。

TF-IDF 值（搜索词的重要性），随着单词在文件中出现的次数成正比增加，但也会随着它在包含该单词的所有文档中出现的频率成反比下降（从这里可以推出 TF-IDF 的公式），从而获取该文章关于搜索词重要性的权值。

TF-IDF 模型是搜索引擎等实际应用中被广泛使用的信息检索模型，具有简单、快速的特点。

算法的实践案例之社会治理融媒云

针对政府及事业单位舆论宣传工作需求，华坤道威（浙江华坤道威数据科技有限公司）研发了"社会治理融媒云"。该平台采用大量云化的视音频技术、人工智能等新兴技术，提供专属政务服务，在指挥考核管理、舆情监测、内容生产分发、榜单排行管理、大屏监控等多维度实现数字化转型升级。其中，在舆情监测模块中，平台需要对文章进行多种维度分析，提取文章关键词，使用的算法是 TF-IDF。具体处理步骤如下：

1. 将文章按句子进行拆分；

2. 使用 jieba 分词工具，将每个句子分词；

3. 将计算分词后的句子转成词向量数组；

4. 计算每个词的 TF-IDF 权重值。

示例代码：

```
# 计算语句列表中每个词的 tfidf 值
def get_tfidf_matrix(sentence_set, stop_word):
    corpus = []
    # 对每条语句进行分词，并且去掉停用词，写入 corpus 列表
    for sent in sentence_set:
        sent_cut = jieba.cut(sent)
        sent_list = [word for word in sent_cut if word not in stop_word]
        sent_str = ' '.join(sent_list)
        corpus.append(sent_str)
    vectorizer = CountVectorizer()
    # vectorizer = CountVectorizer(token_pattern='\w{1,}')
    transformer = TfidfTransformer()
    tfidf = transformer.fit_transform(vectorizer.fit_transform(corpus))
    tfidf_matrix = tfidf.toarray()
    return tfidf_matrix

# 基于 tfidf 对各行语句求权重
```

```
def get_sentence_with_words_weight(tfidf_matrix):
    # tfidf_matrix 值求和
    tfidf_matrix_sum = tfidf_matrix.sum(1)
    # 转换矩阵维度，进行归一化处理
    tfidf_matrix_sum = np.reshape(tfidf_matrix_sum, (-1, 1))
    min_max_scaler = preprocessing.MinMaxScaler()
    # 归一化处理后，将矩阵转为一维再转 list
    tfidf_list_sum = tfidf_matrix_sum.flatten().tolist()
    # 将 list 转为当前行对应的 tfidf 值
    sentence_with_words_weight = dict(zip(range(len(tfidf_list_sum)), tfidf_list_sum))
    return sentence_with_words_weight
```

AdaBoost算法

  Boosting，也称为增强学习能力或提升法，是一种重要的集成学习技术，在直接构造强学习器困难的情况下，为学习算法的设计提供了一种有效的思路和方法。

  作为一种元算法框架，Boosting几乎可以应用于目前所有流行的机器学习算法，进一步提高原算法的预测精度。其应用十分广泛，影响巨大。

算法原理

Boosting 是一种框架算法,具体方法是:首先是通过对样本集的操作,获得样本子集;然后,用弱分类算法,在样本子集上训练生成一系列基分类器,提高其他弱分类算法的识别率。

简而言之就是,将其他弱分类算法作为基分类算法,放到 Boosting 框架中,对训练样本集进行操作,得到不同的训练样本子集;之后,再用该样本子集去训练生成基分类器,每得到一个样本集,就用该基分类算法在该样本集上产生一个基分类器,如此在给定训练轮数 n 后,就能产生 n 个基分类器;接着,将 n 个基分类器进行加权融合,产生最后一个结果分类器。在这 n 个基分类器中,各单个分类器的识别率不一定很高,但联合后的结果有很高的识别率,也就在无形中提高了该弱分类算法的识别率。

算法的应用模型

AdaBoost 是 Adaptive Boosting 的缩写,是提升算法中最具代表性的一种算法,可以提高前一轮分类器分类错误样本的权值,降低那些被分类正确样本的权值。

对于弱分类器的组合,AdaBoost 算法采取加权多数表决的方法,具体来说就是,提高分类误差率小的弱分类器的权值,使其在表决中发挥较大作用；降低分类误差率大的弱分类器的权值，使其在表决中发挥较小的作用。

目前，对AdaBoost算法的研究以及应用，多数都集中在分类问题上，只有少部分被运用在回归问题上。AdaBoost系列主要解决了这样几个问题：两类问题、多类单标签问题、多类多标签问题、大类单标签问题和回归问题。

算法的实践案例之少儿英语网课营销

本案例主要是运用AdaBoost算法，对少儿英语网课意向客户的App使用情况进行分析，继而进行反推，找到意向客户。

1. 了解数据。

（1）数据读取。

	购买意向	旅游出行APP	运动健康APP	金融理财APP	教育培训APP	视频服务APP	汽车服务APP	音乐音频APP	电子商务APP	便捷生活APP	聊天社交APP	游戏服务APP	综合资讯APP	系统工具APP	拍摄美化APP	电子阅读APP	办公管理APP	亲子服务APP
0	0	从不	从不	一般	偶尔	偶尔	频繁	频繁	偶尔	频繁	频繁	一般	从不	偶尔	一般	一般	一般	频繁
1	0	从不	从不	一般	偶尔	一般	一般	频繁	频繁	偶尔	频繁	频繁	从不	偶尔	一般	一般	一般	一般
2	0	一般	从不	一般	偶尔	偶尔	从不	一般	从不	偶尔	偶尔	从不	一般	从不	频繁	一般	一般	一般
3	0	一般	从不	一般	偶尔	偶尔	一般	偶尔	偶尔	一般	偶尔	偶尔	从不	偶尔	从不	偶尔	从不	一般
4	0	从不	偶尔	偶尔	频繁	偶尔	一般	一般	频繁	偶尔	偶尔	偶尔	从不	从不	偶尔	从不	从不	频繁
...																		
26068	1	频繁	频繁	频繁	频繁	频繁	频繁	偶尔	从不	偶尔	从不	偶尔	偶尔	偶尔	从不	一般	从不	偶尔
26069	1	频繁	一般	一般	一般	一般	偶尔	偶尔	偶尔	偶尔	偶尔	一般	偶尔	从不	偶尔	偶尔	频繁	一般
26070	1	频繁	一般	偶尔	偶尔	偶尔	偶尔	偶尔	偶尔	偶尔	偶尔	一般	偶尔	一般	从不	偶尔	频繁	一般
26071	1	频繁	一般	频繁	频繁	一般	偶尔	一般	偶尔	一般	一般	偶尔	从不	偶尔	偶尔	频繁	一般	从不
26072	1	频繁	一般	一般	频繁	频繁	偶尔	一般	偶尔	一般	一般	一般	偶尔	偶尔	一般	偶尔	一般	从不

26073 rows × 18 columns

我们的数据来自某教育机构基于"少儿英语网课购买意向问卷调查"，统计出的可用正负样本共计26072个，包括对"少儿英语网课"的购买意向和17类App的日常使用频率。

这里：

"1"代表愿意购买，"0"代表不愿购买。

17 类 App 包括：旅游出行 App、运动健康 App、金融理财 App、教育培训 App、视频服务 App、汽车服务 App、音乐音频 App、电子商务 App、便捷生活 App、聊天社交 App、游戏服务 App、综合资讯 App、系统工具 App、拍摄美化 App、电子阅读 App、办公管理 App、亲子服务 App。

日常使用频率分为四个级别：频繁、一般、偶尔和从不。

（2）正负样本分布情况。

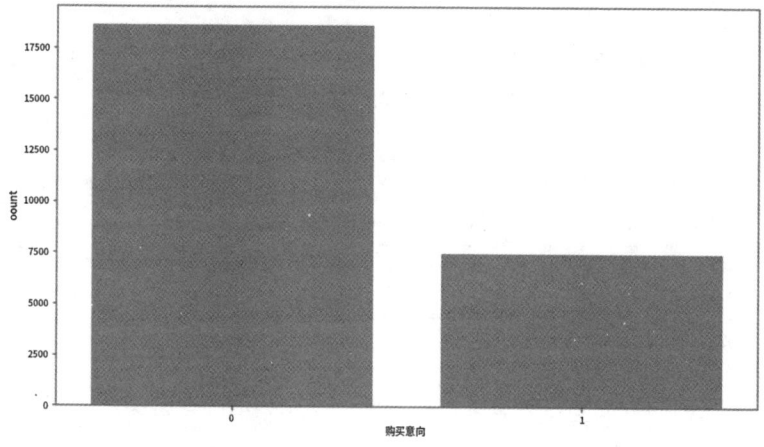

```
In [3]:  grouped_values = df.groupby("购买意向").sum().reset_index()
         fig = plt.figure(figsize=(12,7))
         ax1 = fig.add_subplot(1, 1, 1)
         g = sns.countplot(x="购买意向", data=df, palette="gray_d")
         plt.show()
```

```
In [4]: df.购买意向.value_counts()
Out[4]: 0    18621
        1     7452
Name: 购买意向, dtype: int64
```

在参与调查的 26073 人中，愿意购买的人数为 7452，不愿购买的人数为 18621。

2. 数据处理。

（1）数据转换。

为了将数据中的四级字符串使用频率转换成整数，这里引入了 sklearn.preprocessing.LabelEncoder。

```
In [5]: from sklearn.preprocessing import LabelEncoder
        le = LabelEncoder()
        for column in df.columns:
            df[column] = le.fit(df[column].values.tolist()).transform(df[column].values.tolist())
        df
```

Out[5]:

	购买意向	旅游出行APP	运动健康APP	金融理财APP	教育培训APP	视频APP	汽车服务APP	音乐音频APP	电子商务APP	便捷生活APP	聊天社交APP	游戏APP	综合资讯APP	系统工具APP	拍摄美化APP	电子阅读APP	办公管理APP	亲子服务APP
0	0	1	1	0	1	1	1	3	2	3	3	3	0	1	2	1	3
1	0	1	1	0	1	1	0	3	2	3	3	3	1	2	0	0
2	0	0	0	1	0	1	1	1	1	0	1	2	3	1	0	3	0	0
3	0	0	0	1	0	1	1	0	3	2	1	3	2	2	1	2	1	3
4	0	1	2	1	2	1	1	2	0	3	3	2	2	0	1	2	1	3
...
26068	1	3	3	2	2	3	2	1	2	3	3	1	2	1	2
26069	1	3	3	0	2	0	2	0	1	2	2	2	0	2	2	3
26070	1	3	3	0	2	0	2	2	2	2	2	2	0	1	3	0
26071	1	3	3	0	2	0	0	2	2	3	2	0	2	2	3	0	1
26072	1	2	3	0	2	2	3	2	1	1	2	1	1	2	1	3	0	1

26073 rows × 18 columns

（2）数据切分。

主要工作是分离自变量和因变量。

```
In [6]: label = df.购买意向
        df.drop(['购买意向'], axis=1, inplace=True)
        X = np.array(df.values.tolist())
        Y = np.array(label.values.tolist())
```

构建训练集和验证集，这里引入了 sklearn.model_selection.train_

65

test_split。

```
In [7]: from sklearn.model_selection import train_test_split
        X_train,X_test,Y_train,Y_test=train_test_split(X,Y,test_size=0.1,random_state=7)
        print("训练集样本数: ",len(X_train),"\n测试集样本数: ",len(X_test))
        训练集样本数:   23465
        测试集样本数:   2608
```

3. 建模。

（1）构建模型。

构建分类器：

```
In [8]: from sklearn.ensemble import AdaBoostClassifier
        clf_ada = AdaBoostClassifier()
```

超参数设置：

```
In [9]: param_dist = {'learning_rate': [0.001, 0.005, .01, 0.05, 0.1, 0.2, 0.3, 0.4, 0.5, 1, 2, 10, 20],
                      'n_estimators': [10, 100, 200, 400]}
```

使用预设的超参数进行随机搜索：

```
In [10]: from sklearn.model_selection import RandomizedSearchCV
         ada_search = RandomizedSearchCV(clf_ada, param_distributions=param_dist)
```

（2）训练模型。

将模型拟合到训练集数据上。

```
In [11]: ada_search.fit(X_train, Y_train)
Out[11]: RandomizedSearchCV(estimator=AdaBoostClassifier(),
                            param_distributions={'learning_rate': [0.001, 0.005, 0.01,
                                                                   0.05, 0.1, 0.2, 0.3,
                                                                   0.4, 0.5, 1, 2, 10,
                                                                   20],
                                                 'n_estimators': [10, 100, 200, 400]})
```

下图是模型多次迭代后得到的购买意向权重分析，可以看到：首先，教育培训类App的使用频率占了相当大的权重，但这是人为经验内能预想到的。其次，电子阅读类App和亲子服务类App的权重也名列前茅，这是在机器建模训练后才得到的结论。因此，关注电子阅读和亲子服务类 App 的用户，也是少儿英语网课的目标客群。

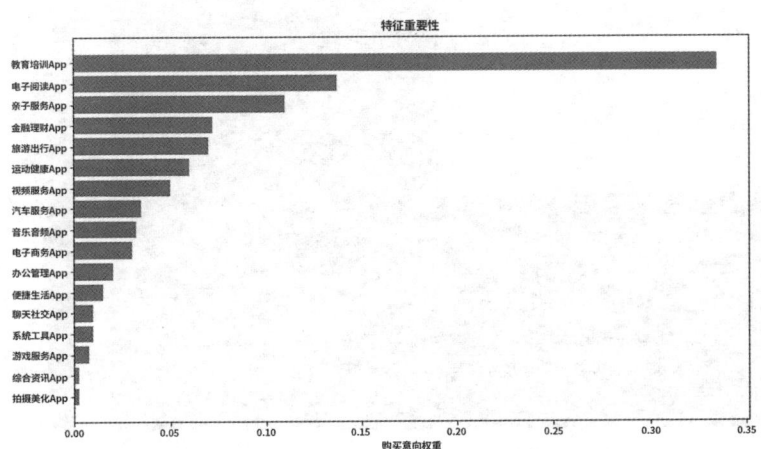

（3）验证模型。

使用验证集数据验证模型效果。

```
In [12]: ada_preds = ada_search.best_estimator_.predict(X_test)
```

引入 sklearn.metrics，查看精度、召回率、F1 得分和准确度。

```
In [13]: from sklearn import metrics
         print(metrics.classification_report(Y_test,ada_preds))

                       precision    recall  f1-score   support

                   0        0.99      0.98      0.98      1884
                   1        0.95      0.97      0.96       724

            accuracy                            0.98      2608
           macro avg        0.97      0.97      0.97      2608
        weighted avg        0.98      0.98      0.98      2608
```

准确率为 98%，正样本的精度为 0.95，召回率为 0.97，F1 得分为 0.96；负样本的精度为 0.99，召回率为 0.98，F1 得分为 0.98。

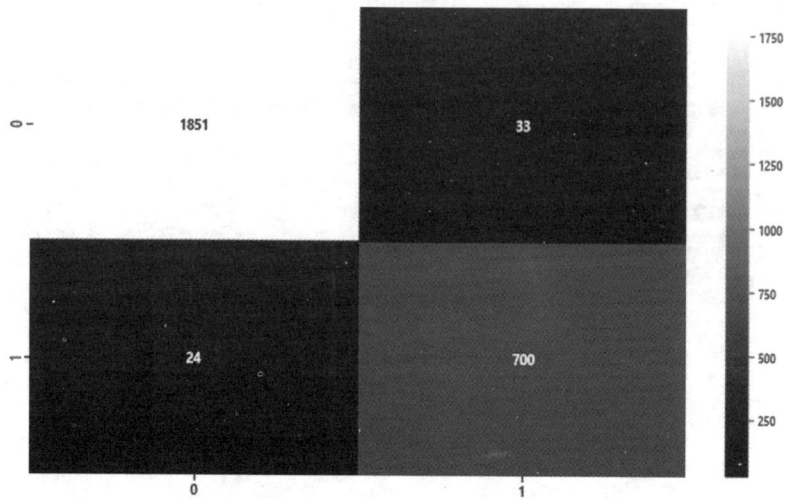

通过混淆矩阵可以看出,通过AdaBoost模型,在724个正样本中,可以成功找出700个;在1884个负样本中,可以成功找出1851个。

华坤道威使用该模型与其他模型组合调优,极大地提高了意向客户的匹配度,同时被成功应用于产品的精准营销策略中。

基于K近邻算法的分类器

K近邻算法(K-Nearest Neighbor,KNN)是1967年由Cover T和Hart P提出的一种基本分类与回归方法,查找的是最邻近的K个样本点,具体方法是:以某个数据为中心,对离其最近的K个邻居特征进行分析，获得该数据中心可能的特征。

算法原理

存在一个样本数据集合，即训练集；同时，样本集中每个数据都存在标签，即样本集中每个数据与所属分类的对应关系。输入没有标签的新数据后，先将新数据的各特征与样本集中数据对应的特征进行比较，然后提取样本集中特征最相似数据（最近邻）的分类标签。通常，只选择样本数据集中前 K 个最相似的数据，这也是 K 近邻算法中 K 的出处，通常 K 是不大于 20 的整数。最后，在 K 个最相似数据中选择出现次数最多的分类，作为新数据的分类。

算法公式：

$$L_p(x_i, x_j) = \left(\sum_{l=1}^{n} |x_i^{(l)} - x_j^{(l)}|^p \right)^{\frac{1}{p}}$$

K 近邻算法的计算步骤如下：

（1）归一化所有的特征数据：new Value=（old Value – min）/（max – min）确保特征值取值范围为 [0, 1]；

（2）计算已知类别数据集中的点与当前需要计算的点的距离；

（3）按照距离递增次序排序；

（4）选取与当前点距离最小的 K 个点；

（5）确定前 K 个点所在类别出现的频率；

（6）返回前 K 个点出现频率最高的类别作为当前点的预测分类。

算法的应用模型

基于K近邻算法的分类器：最近邻分类器把每个样例（训练数据、测试数据和有待预测的数据）当作d维空间上的一个数据点，而d指的是样例的属性个数。而在d维空间上就有不同点之间的"距离"（距离有很多种，汉明距离、欧拉距离、闵可夫斯基距离等），依靠这些点之间的距离的差异，将有远近之分。那么K近邻分类器就是把预测的原则定位取决于这些离它"最近"的K个数据点，若离它最近的数据点中A类多于B类，则认为它大概率是B类的数据点，完成分类。

基于K近邻算法的分类器可以解决文本自动分类、图像分类等问题。主要有以下优点：

（1）思想简单，理论成熟，既可以用来做分类，也可以用来做回归；

（2）可用于非线性分类；

（3）训练时间复杂度为O（n）；

（4）准确度高，对数据没有假设，对outlier不敏感。

算法的实践案例之电影观众兴趣发现

K近邻算法查找的是最邻近的K个样本点，是一种用于分类和回归的统计方法。下面,以电影观众的兴趣爱好为例来说明。

1. 背景介绍。

A、B、C、D、E、F 是 6 位观众,彼此都不认识,他们最近在某电影院的观影记录如表 4-1 所示。

表4-1 观看电影的观众与电影类型示例

电影名称	电影类型	观众
《刺杀小说家》	动作	A、C、D
《阿凡达1》	科幻	A、B、C
《寻龙传说》	动画	E、F
《拆弹专家2》	动作	A、C、E
《人潮汹涌》	犯罪喜剧片	B、D、F
《猫和老鼠》	动画	D、E、B

对于上映的电影《我的姐姐》,观众 B、D、E 表现出浓厚的兴趣,其他观众对《我的姐姐》缺少观影兴趣。为了了解其他观众的观影兴趣,以便安排《我的姐姐》的播放档期,电影院查看了表 4-1 的历史观影数据。

2. 核心思想。

在了解 K 近邻算法之前,首先要了解最邻近搜索(Nearest Neighbor Search)。这是一种基于最近距离数据进行问题分析的方法,最简单的最邻近搜索是遍历整个样本空间,首先计算它们与目标样本的距离,然后记录与目标样本最近的样本数据。遍历的方式比较简单,但当数据量达到一定量级后，就显得不太合适了。

利用KNN进行数据分类，将KNN视为在已经存在的一部分分类数据中，对一个测试样本进行类别分析，只要利用测试样本扫描其附近的数据中最大可能属于的分类类别，然后根据"少数服从多数"的原理，对测试样本数据进行分类即可。

这种算法比较容易理解，但计算过程相对复杂，不仅需要计算出各数据中心与其他数据的关系，还要进行排序，尤其是数据量较大时，更要依靠分布式计算平台，提前进行离线计算，获得数据与数据的邻居。计算流程如下：

（1）初始化测试样本到所有样本的距离为最大值，距离计算的方式可以采用余弦相似性或者欧式距离；

（2）计算某样本与每个训练样本的距离；

（3）计算某样本附近K个样本中的最大距离D；

（4）将所有样本中所有小于最大距离D的点取出；

（5）不断重复（2）、（3）、（4）步骤，直到所有样本的K个邻近点都被筛选出。

综上所述，首先要算样本距离，然后找出相应的邻近，最后对样本进行分类。

3. 电影观众兴趣发现。

将表4-1进行转换，转换为每个观众与观看过的电影的对应关系，见表4-2。

表4-2 观众与观看过的电影的对应关系

观众	电影
A	《刺杀小说家》《阿凡达1》《拆弹专家2》
B	《阿凡达1》《人潮汹涌》《猫和老鼠》
C	《刺杀小说家》《阿凡达1》《拆弹专家2》
D	《刺杀小说家》《人潮汹涌》《猫和老鼠》
E	《寻龙传说》《拆弹专家2》《猫和老鼠》
F	《寻龙传说》《人潮汹涌》

利用欧式距离或余弦相似性，计算两个观众的相似程度，比如，采用余弦相似性计算观众 A 和观众 B 的相似程度。观众 A 和 B 的并集为 {《刺杀小说家》《阿凡达1》《拆弹专家2》《人潮汹涌》《猫和老鼠》}，计算公式如下：$similar(A,B) = \frac{1 \times 1}{\sqrt{1^2+1^2+1^2} \times \sqrt{1^2+1^2+1^2}}$，可以得到 similar（A，B）≈ 0.33。

然后，依次计算所有观众的两两之间的相似度，见表 4-3。

表4-3 利用余弦相似性计算观众之间的相似度

	观众A	观众B	观众C	观众D	观众E	观众F
观众A	1	0.33	1	0.33	0.33	0
观众B	0.33	1	0.33	0.66	0.33	0.41
观众C	1	0.33	1	0.33	0.33	0
观众D	0.33	0.66	0.33	1	0.33	0.41
观众E	0.33	0.33	0.33	0.33	1	0.41
观众F	0	0.41	0	0.41	0.41	1

根据表4-3，约定当两者的相似度不小于0.33时，视为相关用户，对相关用户进行权重排序，得到表4-4。

表4-4 对每个观众分析与其相似的观众

观众	相似观众
观众A	观众B（0.33）、观众D（0.33）、观众E（0.33）
观众B	观众D（0.66）、观众F（0.41）、观众A（0.33）、观众C（0.33）、观众E（0.33）
观众C	观众B（0.33）、观众D（0.33）、观众E（0.33）
观众D	观众B（0.66）、观众F（0.41）、观众A（0.33）、观众C（0.33）、观众E（0.33）
观众E	观众F（0.41）、观众A（0.33）、观众B（0.33）、观众C（0.33）、观众D（0.33）
观众F	观众B（0.41）、观众D（0.41）、观众E（0.41）

通过上述过程，就能划分出每个观众最相近的邻居，然后以此为根据，就可以有效地进行后续操作。

知道了观众B、D、E对电影《我的姐姐》表现出兴趣，对应到表4-4，电影院就能分析观众A、C、F对电影《我的姐姐》的兴趣程度，通过相似度叠加的方式，确定兴趣值。约定K值为3，仅限于观众A、C、F相似度最近的三个观众进行平均值分析，即平均相似度，得到表4-5所示内容。

表4-5 观众与K=3的邻居观众的平均兴趣值

观众	K=3邻居	兴趣值
观众A	观众B（0.33）、观众D（0.33）、观众E（0.33）	（0.33+0.33+0.33）÷3=0.33

续表

观众	K=3邻居	兴趣值
观众C	观众B（0.33）、观众D（0.33）、观众E（0.33）	（0.33+0.33+0.33）÷3=0.33
观众F	观众B（0.41）、观众D（0.41）、观众E（0.41）	（0.41+0.41+0.41）÷3=0.41

通过表4-5能发现，观众F有可能去看，观众A和观众C也有一定的可能性。如果兴趣值接近1，则表示该观众与已知确定观影观众的历史行为完全一致，他们的未来行为也很可能一致。

对上述问题进行扩展，观众B、D、E对于电影《我的姐姐》的兴趣不确定，而是概率性的，分别是0.7、0.5、0.6，在计算兴趣值的过程中，进行概率折算，结果会产生一定的偏差，见表4-6。

表4-6 带权值的观众与K=3邻居观众兴趣值

观众	K=3邻居	兴趣值
观众A	观众B（0.33）、观众D（0.33）、观众E（0.33）	（0.33×0.7+0.33×0.5+0.33×0.6）÷3=0.198
观众C	观众B（0.33）、观众D（0.33）、观众E（0.33）	（0.33×0.7+0.33×0.5+0.33×0.6）÷3=0.198
观众F	观众B（0.41）、观众D（0.41）、观众E（0.41）	（0.41×0.7+0.41×0.5+0.41×0.6）÷3=0.246

以上案例就是通过KNN的思想，对相似观众进行分析，通过K个邻居的行为来判定当前观众最可能的行为。

交替最小二乘（ALS）推荐算法

交替最小二乘算法，英文名为 Alternating Least Squares（ALS）。在多数推荐系统场景中（电商、音乐、电影等），会面临数据稀疏性的问题，即单个用户接触的产品只占庞大产品池的极小一部分。面对稀疏数据时，User-based 算法和 Item-based 算法的效率都比较低，使用 ALS 算法，却能在用户和物品之间建立一个相互作用模型，有效解决这个 entity。近年来，ALS 算法已经在 Netflix 上成功应用并取得显著的效果提升。

算法原理

假设 R 为 m 个用户对 n 个物品的评分矩阵，ALS 的核心思想是通过矩阵分解，评分矩阵 R（$m \times n$）分解为用户-特性矩阵 U（$m \times k$）和物品-特性矩阵 V（$n \times k$），并通过主成分分析的思想得到如下近似关系：

$R \approx UV^T$

只要求解出 U 和 V，就可以推导出完整的评分矩阵 R，并填补原始评分矩阵中的缺失值。

下表是 5 个观众对 5 部电影的评分矩阵：

	物品1	物品2	物品3	物品4	物品5
用户1	7	7	5		4
用户2		1			
用户3	4		6		4
用户4		7		4	
用户5		5			6

假设 k 是三个特征（性别、年龄、消费水平），那么 U（5×3）的矩阵就是：

	性别	年龄	消费水平
观众1	U_{11}	U_{12}	U_{13}
观众2	U_{21}	U_{22}	U_{23}
观众3	U_{31}	U_{32}	U_{33}
观众4	U_{41}	U_{42}	U_{43}
观众5	U_{51}	U_{52}	U_{53}

V 的转置矩阵 V^T（3×5）如下：

	物品1	物品2	物品3	物品4	物品5
性别	v_{11}	v_{12}	v_{13}	v_{14}	v_{15}
年龄	v_{21}	v_{22}	v_{23}	v_{24}	v_{25}
消费水平	v_{31}	v_{32}	v_{33}	v_{34}	v_{35}

算法的代价函数

在矩阵 U，V 中，k 个列向量只列出了影响用户对物品反馈的主要特征而非全部，只有使用一个代价函数，才能衡量参数的拟合程度。代价函数由两部分组成：第一部分是检测模型拟合程度，即模型预测值和观察值之间的误差；第二部分则是一个正则项，可以防止模型过拟合。

显式反馈代价函数如下：只要拥有用户对物品的喜恶程度的显式反馈数据，就能对重构的评分矩阵和实际的打分矩阵中存在的数据进行比较，比如，使用均方根误差（Root Mean Square Error）等方法，具体公式为：

$$\text{RMSE} = \sqrt{\frac{1}{n}\sum|(r_{u,v}-\hat{r}_{u,v})^2|}$$

其中，$\hat{r}_{u,v}$是用户 u 对物品 v 的评分的预测值；$r_{u,v}$ 是用户 u 对物品 v 的评分的观察值。如果想让 RMSE 达到最小值，则 $(\hat{r}_{u,v}-r_{u,v})^2$ 须达到最小值：

$$(u_i,v_j) = \min_{u,v}\sum_{(i,j)\in k}(r_{u,v}-\hat{r}_{u,v})^2$$

再加上防止过拟合的正则项，下面函数就是显式反馈代价函数：

$$J(U,V) = \sum_{i,j}\left[(r,i,j-u_iv_j^T)^2+\gamma(||u_i||^2+||v_j||^2)\right]$$

这里，$r_{i,j}$ 为评分矩阵 R 的第 i 行第 j 列，表示用户 u_i 对物品 v_j 的打分；u_i 为矩阵 U 的第 i 行（$1\times k$），v_j^T 为矩阵 v^T 的第 j 列（$k\times 1$），γ 为正则项系数。

隐式反馈代价函数：

如果用户没有明确反馈对物品的偏好，就要收集用户的相关行为数据，推测其对物品的喜恶程度，例如，用户对商品的点击次数、用户对视频的观看时长等。通过这种方式得到的数据为隐式反馈数据，矩阵 R 为隐式反馈矩阵，$r_{i,j}$ 为用户 u_i 对物品 v_j 的隐式反馈值。在隐式反馈中，可以引入变量 p_{ij}，表示用户 u_i 对物品 v_j 的置信度。如果隐

式反馈值大于 0,置信度为 1,否则置信度就是 0:

$$p_{ij} = \begin{cases} 1, & \text{if } r_{ij} > 0 \\ 0, & \text{if } r_{ij} = 0 \end{cases}$$

值得注意的是,(1)隐式反馈值为"0"并不意味着用户完全不喜欢该产品,可能还有其他原因,例如,用户完全不知道该物品的存在;(2)用户之所以购买一个物品,不一定缘于喜欢,也可能是作为礼物购买的。所以,为了显示用户偏爱某个物品,就加入一个信任等级。通常,隐式反馈值越大,越暗示用户可能喜欢某个物品。这时,就可以引入变量 c_{ij} 来衡量 p_{ij} 的信任度:$c_{ij}=1+\alpha r_{ij}$。

其中,α 为置信度系数。由此,隐式反馈代价函数变成如下形式:

$$J(U,V) = \sum_{i,j}[c_{ij}(p_{i,j}-u_{i,}v_j^T)^2 + \gamma(||u_i||^2+||v_j||^2)]$$

算法步骤

显式反馈函数和隐式反馈函数都是非凸函数,完全可以通过固定 U 或 V 中一个,将其转化成一个最小二乘的问题,例如,先用固定 V 来求解 U,再求解 V。因此,该算法得名交替最小二乘法。求解步骤如下:

(1) $V^{(0)} \to U^{(1)} \to V^{(1)} \to U^{(2)} \to \cdots$

初始化矩阵 V,可以取平均值或者随机值;

(2) 固定 V,通过最小化代价函数 J(U,V),求解 U;

(3) 固定步骤(2)中的 U,用最小化代价函数 J(U,V),求解 V;

(4) 重复步骤(2)、(3),直到 U 和 V 收敛。

以下是基于显示反馈和隐式反馈的最小二乘正规方程:

显式反馈:

固定 V 求解 U

$$U^T = (V^TV + aI)^{-1}V^TR^T$$

每个用户向量的求解公式：

$$u_i^T = (V^TV + aI)^{-1}V^Tr_i^T$$

固定 U 求解 V

$$V^T = (U^TU + aI)^{-1}U^TR$$

每个物品向量的求解公式：

$$v_j^T = (U^TU + aI)^{-1}U^Tr_j^T$$

隐式反馈：

固定 V 求解 U

$$U^T = (V^TC_vV + aI)^{-1}V^TC_VR^T$$

每个用户向量的求解公式：

$$U_i^T = (V^TC_vV + aI)^{-1}V^TC_Vr_i^T$$

其中，C_v 为对角矩阵（n×n）。

固定 U 求解 V

$$V^T = (U^TC_uU + aI)^{-1}U^TC_uR$$

每个物品向量的求解公式：

$$v_j^T = (U^TC_uU + aI)^{-1}U^TC_u\gamma_j^T$$

其中 C_u 为对角矩阵（n×n）。

算法演示

算法演示中使用的数据集，源于华坤道威（浙江华坤道威数据科技有限公司）客户授权的电商平台订单数据。我们从数据库中提取了

10 位消费者对 10 件商品的评分记录,由于消费者并没有购买全部的 10 件商品,所以该数据集总共有 51 条数据。在实际应用中,数据集远大过演示用的数据集,模型计算时间和运行资源需要更多考量。

读取数据,从数据集中提取 ALS 模型训练所需的 RDD 格式数据 Rating,包括三列:user、product 和 rating。

```
In [1]: ####### Load modules
        import findspark
        findspark.init()
        from pyspark import SparkConf, SparkContext
        from pyspark.mllib.recommendation import ALS, Rating, MatrixFactorizationModel

        ####### Setting conf file
        sparkconf = SparkConf().setMaster('local').setAppName("ALSModel")
        sc = SparkContext(conf=sparkconf)
```

```
In [2]: ##### 读取数据,数据按照(用户,商品,评分)来排列
        raw = sc.textFile("file:///opt/user/datbuuser/zjz/ratings.csv")
        raw.take(5)

Out[2]: ['1,1,3', '1,4,5', '1,6,4.5', '1,8,3', '1,9,2']
```

```
In [3]: ##### 处理数据,将数据依逗号分隔开。根据数据格式不同,
        ##### 分隔数据的除了逗号",'之外还可能是'\t','\n'等
        raw_rating = raw.map(lambda l: l.split(','))
        raw_rating.take(3)

Out[3]: [['1', '1', '3'], ['1', '4', '5'], ['1', '6', '4.5']]
```

```
In [4]: ##### 将数据转化成ALS模型训练需要的RDD格式数据Rating
        ratings = raw_rating.map(lambda x: Rating(int(x[0]), int(x[1]), float(x[2])))
        ratings.take(5)

Out[4]: [Rating(user=1, product=1, rating=3.0),
         Rating(user=1, product=4, rating=5.0),
         Rating(user=1, product=6, rating=4.5),
         Rating(user=1, product=8, rating=3.0),
         Rating(user=1, product=9, rating=2.0)]
```

训练 ALS 模型,可以将 Rank 设置为 5,Iter 设置为 10。

Rank 是根据数据的分散情况测试出来的特征向量维度,该值太小,模型就会拟合不足,导致误差过大;反之,该值太大,则会导致模型过度拟合,泛化能力较差。

Iter 值是交替二乘的次数，该值越大，模型越精确，但需要的资源和运行时间也会增加。

```
In [5]: ##### 设置ALS模型训练参数
        rank = 5 # Number of features/latent factors
        maxIter = 10 # Number of maximum iterations
        model = ALS.train(ratings, rank, maxIter)
```

为了检测模型的准确度，完全可以使用训练的模型进行预测，对已有评分的用户、商品进行评分预测。可是，由于该数据集比较简单，所以预测评分与实际评分较为接近，实际应用中误差可能偏大，只有调整参数，才能找到最合适的模型。

```
In [6]: ##### 对用户评分进行预测
        ##### 使用有实际评分的用户、商品来进行模型预测，以便判断模型准确度
        testdata = ratings.map(lambda p: (p[0], p[1]))
        predictions = model.predictAll(testdata)
        predictions.take(5)
Out[6]: [Rating(user=4, product=4, rating=2.5089792926050096),
         Rating(user=4, product=1, rating=4.498616654950796),
         Rating(user=4, product=8, rating=2.9898752767262344),
         Rating(user=4, product=5, rating=4.489788441066988),
         Rating(user=1, product=4, rating=4.952381197535585)]
```

使用模型进行推荐：

```
In [22]: # 向一个用户推荐高预测评分商品
         model.recommendProducts(10,5)
Out[22]: [Rating(user=10, product=6, rating=4.951243708637165),
          Rating(user=10, product=1, rating=4.613606503527031),
          Rating(user=10, product=8, rating=4.488157090211843),
          Rating(user=10, product=9, rating=3.99426544746259),
          Rating(user=10, product=3, rating=2.4926949089282715)]
```

Rating（User=10，product=6，rating=4.951……）表示用户 10 对商品 6 的预测评分为 4.951 分。

其中，商品 6 和商品 1 都是用户 10 没有购买过的商品，且用户 10 对这两件商品的预测评分较高，因此完全可以将商品 1 和商品 6 推

荐给用户 10。

```
In [28]: # 将一件商品推荐给对其预测评分高的用户
         model.recommendUsers(8,5)
Out[28]: [Rating(user=9, product=8, rating=4.857116638204973),
          Rating(user=10, product=8, rating=4.488157090211843),
          Rating(user=3, product=8, rating=3.8687528229707766),
          Rating(user=1, product=8, rating=3.003672263749337),
          Rating(user=4, product=8, rating=2.9898752767262344)]
```

其中，用户 3 和用户 9 是没有购买过商品 8 且对商品 8 的预测评分较高的用户，可以将商品 8 推荐给用户 3 和用户 9。

结合商品名称输出推荐记录：

```
In [10]: prodRDD = sc.textFile("file:///opt/user/datbuuser/zjz/english_title.csv")
         prodRDD.take(3)
Out[10]: ['1,Perfect Diary Matte Lipstick',
          '2,In-ear Wireless Sports Headphone',
          '3,ShanMo Iphone Screen Protector']

In [29]: prod_title = prodRDD.map(lambda l: l.split(',')) \
             .map(lambda a:(int(a[0]), a[1])).collectAsMap()
         prod_title
Out[29]: {1: 'Perfect Diary Matte Lipstick',
          2: 'In-ear Wireless Sports Headphone',
          3: 'ShanMo Iphone Screen Protector',
          4: 'Deyou Baby Wipes',
          5: "Perfect Diary 'Black Dimond' Lip Bulm",
          6: 'Charger Cable for Android',
          7: 'Pramy Make-up Fixer Spray',
          8: 'Colorkey Matte Lipstick',
          9: 'WangBaoBao Fruit Cereal',
          10: 'Gaozi Sunscreen Spray'}

In [31]: recommendP = model.recommendProducts(10,3)
         for i in recommendP:
             print('向用户'+str(i[0])+'推荐商品'+str(prod_title[i[1]])
                 +'预测评分为：'+str(i[2]))

向用户10推荐商品Charger Cable for Android预测评分为：4.951243708637165
向用户10推荐商品Perfect Diary Matte Lipstick预测评分为：4.613606503527031
向用户10推荐商品Colorkey Matte Lipstick预测评分为：4.488157090211843
```

Apriori算法

Apriori算法是一种挖掘关联规则的频繁项集算法,其核心是通过候选集生成和情节的向下封闭检测两个阶段,挖掘频繁项集,主要用作快速的关联规则分析。该算法得到人们极大的关注,如今已被广泛应用到商业活动、网络安全、高校管理和移动通信等诸多领域。

算法思想

1. 找出所有的频集,这些项集出现的频繁性至少和预定义的最小支持度一样。

2. 由频集产生强关联规则,这些规则必须满足最小支持度和最小可信度。

通过第1步,找到的频集产生期望的规则,产生只包含集合的项的所有规则。其中,每条规则的右部都只有一项,这里采用的是中规则的定义。一旦这些规则被生成,只有大于用户给定最小可信度的规则,才能被最终留下来。为了生成所有频集,可以使用递归法。

算法缺点

可能产生大量的候选集;需要重复扫描整个数据库,花费时间较多。

算法应用

通过对数据关联性的分析和挖掘，挖掘出一些信息，供决策制定作为参考。因此，Apriori算法被广泛应用于各种领域。

1. 商业活动领域。在该领域，主要应用于消费市场价格分析中，能够很快地求出各产品之间的价格关系和影响。

2. 网络安全领域。通过模式的学习和训练，可以发现网络用户的异常行为模式，快速锁定攻击者，提高基于关联规则的入侵检测系统的检测性。

3. 高校管理领域。随着高校贫困家庭学生人数的不断增加，学校管理部门资助工作难度也越加增大。将关联规则的Apriori算法应用到贫困助学体系中，就能辅助学校管理部门有针对性地开展贫困助学工作。

4. 移动通信领域。基于移动通信运营商正在建设的增值业务Web数据仓库平台，对来自移动增值业务方面的调查数据进行挖掘处理，就能获得关于用户行为特征和需求的有用信息，为运营商的业务运营和业务提供商的决策制定等提供参考。

算法流程步骤

1. 收集数据：使用任意方法。

2. 准备数据：使用任何数据类型都可以。

3. 分析数据：使用任意方法都行。

4. 训练数据：使用Apriori算法来找到频繁项集。

5. 测试算法：不需要测试过程。

6. 使用算法：用于发现频繁项集以及物品之间的关联规则。

算法的实践案例之电商推荐

本案例主要利用 Apriori 算法，通过一批美妆类商品客户一年内的购买记录，挖掘关联性，为客户精准地推荐商品。

首先，这些数据是已经清洗过和加密过的电商数据，包括1000位美妆类商品客户一年内的购买记录。

为了控制变量，我们所选取的1000位客户一年内均购买过7类化妆品：隔离、粉底、睫毛膏、遮瑕、口红、卸妆液、眼线笔，同时这7类化妆品均来自4个品牌：A、B、C、D。

	0	1	2	3	4	5	6
0	隔离B	粉底A	睫毛膏C	遮瑕C	口红A	卸妆液A	眼线笔A
1	隔离B	粉底A	睫毛膏C	遮瑕C	口红A	卸妆液A	眼线笔A
2	隔离B	粉底A	睫毛膏C	遮瑕C	口红A	卸妆液A	眼线笔A
3	隔离B	粉底A	睫毛膏C	遮瑕C	口红A	卸妆液A	眼线笔A
4	隔离B	粉底B	睫毛膏C	遮瑕C	口红A	卸妆液A	眼线笔A
...	...	...	...	...	...	...	...
995	隔离B	粉底B	睫毛膏D	遮瑕D	口红D	卸妆液D	眼线笔C
996	隔离C	粉底C	睫毛膏D	遮瑕A	口红D	卸妆液C	眼线笔A
997	隔离C	粉底C	睫毛膏C	遮瑕B	口红A	卸妆液A	眼线笔D
998	隔离B	粉底C	睫毛膏A	遮瑕B	口红B	卸妆液C	眼线笔A
999	隔离C	粉底D	睫毛膏D	遮瑕D	口红A	卸妆液C	眼线笔B

1000 rows × 7 columns

将数据转换成 0-1 矩阵。

	隔离 B	粉底 A	睫毛膏 C	遮瑕 A	口红 A	卸妆液 B	眼线笔 A	粉底 B	隔离 A	睫毛膏 A	...	睫毛膏 B	眼线笔 C	粉底 D	口红 D	遮瑕 D	隔离 D	粉底 C	卸妆液 D	睫毛膏 D	卸妆液 C
0	True	True	True	True	True	True	False	False	False	False	...	False	False	False	False	False	False	False	False	False	False
1	True	True	True	True	True	True	False	True	False	False	...	False	False	False	False	False	False	False	False	False	False
2	True	True	True	True	True	True	False	False	False	False	...	False	False	False	False	False	False	False	False	False	False
3	True	True	True	True	True	True	False	False	False	False	...	False	False	False	False	False	False	False	False	False	False
4	True	False	True	True	True	True	False	False	False	False	...	False	False	False	False	False	False	False	False	False	False
...	...	...	...	...	...	...	...	...	...	...	...	...	...	...	...	...	...	...	...	...	...
995	True	False	False	False	False	False	False	False	False	False	...	False	True	False	True	False	True	False	False	True	False
996	False	False	False	False	False	False	False	False	False	False	...	False	False	False	True	False	True	False	True	False	True
997	False	False	True	True	False	True	False	False	False	False	...	False	False	False	False	False	False	False	False	False	False
998	True	False	False	False	False	False	False	False	False	False	...	True	False	False	False	False	False	False	False	False	False
999	False	False	False	False	False	True	False	False	False	False	...	False	False	False	False	False	False	True	False	True	False

1000 rows × 28 columns

接着，通过用 Apriori 算法，挖掘商品关联规则。

——设置最小支持度为 5%，最小置信度为 75%；

——既买商品 A 又买商品 B 的概率，P(B|A)，表示为"P(A-->B)"；

```
support = 0.05
confidence = 0.75
ms = ' --> '

result = pd.DataFrame(index=['支持度', '置信度'])

# 支持度序列
support_series = 1.0*d.sum()/len(d)

# 根据支持度第一次筛选
column = list(support_series[support_series > support].index)
n = 0

while len(column) > 1:
    n = n+1
    x = list(map(lambda i:sorted(i.split(ms)), column))
    length = len(x[0])
    column = []

    for i in range(len(x)):
        for j in range(i,len(x)):
            if x[i][:length-1] == x[j][:length-1] and x[i][length-1] != x[j][length-1]:
                column.append(x[i][:length-1]+sorted([x[j][length-1],x[i][length-1]]))

    print(u'\n第',n,'次挖掘: ',len(column),'条')

    # 计算新一次的支持度
    sf = lambda i: d[i].prod(axis=1, numeric_only = True)
```

```
# 前后两次数据拼接
d_2 = pd.DataFrame(list(map(sf,column)), index = [ms.join(i) for i in column]).T
# 计算出新的支持度序列
support_series_2 = 1.0*d_2[[ms.join(i) for i in column]].sum()/len(d)
# 新一次支持度筛选
column = list(support_series_2[support_series_2 > support].index)
support_series = support_series.append(support_series_2)
column2 = []
for i in column:
    i = i.split(ms)
    for j in range(len(i)):
        column2.append(i[:j]+i[j+1:]+i[j:j+1])
# 置信度序列
cofidence_series = pd.Series(index=[ms.join(i) for i in column2])
# 计算出置信度序列
for i in column2:
    cofidence_series[ms.join(i)] = support_series[ms.join(i)]/support_series[ms.join(i[:len(i)-1])]
# 筛选，小数转换成百分比显示
for i in cofidence_series[cofidence_series > confidence].index:
    result[i] = 0.0
    result[i]['置信度'] = "%.2f%%"% (cofidence_series[i]*100)
    result[i]['支持度'] = "%.2f%%"% (support_series[ms.join(sorted(i.split(ms)))]*100)
result = result.T.sort_values(['置信度','支持度'], ascending = False)
result
```

第 1 次挖掘：325 条。

第 2 次挖掘：1022 条。

第 3 次挖掘：103 条。

第 4 次挖掘：0 条。

	支持度	置信度
卸妆液D --> 隔离C --> 眼线笔D	7.60%	86.36%
卸妆液D --> 睫毛膏C --> 眼线笔D	7.20%	84.71%
口红C --> 睫毛膏B --> 粉底B --> 遮瑕B	5.30%	80.30%
口红C --> 眼线笔D --> 粉底B --> 遮瑕B	5.60%	75.68%
卸妆液D --> 粉底B --> 眼线笔D	5.90%	75.64%
卸妆液D --> 睫毛膏B --> 眼线笔D	5.50%	75.34%

拿第一条结果进行解释：

置信度：买 D 家卸妆液又买 C 家隔离再买 D 家眼线笔的可能性高达 86.36%。

支持度："卸妆液 D 且隔离 C 且眼线笔 D"这样的组合占样本数

据的 7.60%，也就是 1000 个人里有 76 个人选择了这样的组合。

结果显示，置信度在 75% 以上的关联规则有 6 条。

其中，客户买了 D 家卸妆液又买 D 家眼线笔的可能性非常高，买了 C 家口红又买 B 家粉底和遮瑕的可能性也非常高。由此，我们就可以做个性化的推荐，把 D 家的眼线笔推给购买 D 家卸妆液的客户，把 B 家的粉底、遮瑕推给购买 C 家口红的客户。

决策树

决策树算法是一种逼近离散函数值的方法，从本质上来说，就是通过一系列规则对数据进行分类的过程。

这是一种典型的分类方法，具体方法是：首先对数据进行处理，利用归纳算法生成可读的规则和决策树；然后，使用决策对新数据进行分析。

算法原理

如何构造精度高、规模小的决策树是决策树算法的核心内容。具体来说，决策树构造可以分两步进行：

第一步，决策树的生成。由训练样本集生成决策树的过程。一般情况下，训练样本数据集是根据实际需要有历史的、有一定综合程度的、用于数据分析处理的数据集。

第二步，决策树的剪枝。决策树的剪枝是对上一阶段生成的决策树进行检验、校正和修改的过程，主要是用新的样本数据集（称为测试数据集）中的数据校验决策树生成过程中产生的初步规则，将那些影响预衡准确性的分枝剪除。

算法模型

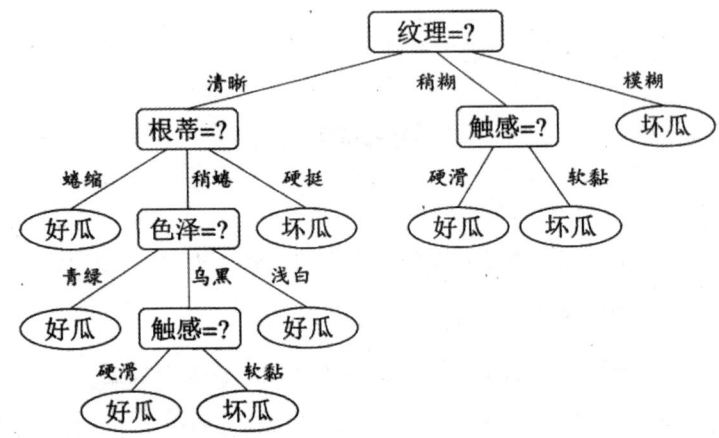

（1）解决分类问题。根据模型参数训练结束后，对每个"叶子"节点的样本数据进行投票，规定数量最多的样本的类型为该"叶子"的预测类型。

（2）解决回归问题。根据模型参数划分结束后，将每个"叶子"节点处的相应的数据输出值的平均值作为该"叶子"的预测值。也就是说，训练结束后，每个"叶子"处可能有多个数值，取多个数值的平均值作为该"叶子"的预测值，根据特征值预测未知的样本数据时，如果最终计算结果在该"叶子"上，就认为该"叶子"的预测值为该特征值对应的样本数据。

决策树模型具有可读性，分类速度快。学习时，可以利用训练数据，根据损失函数最小化的原则，建立决策树模型；预测时，对新的数据，可以利用决策树模型进行分类。

算法的实践案例之解决汽车评级问题

1. 了解数据。

先输入 2897 个标注了评级的车辆样本，6 个维度分别是买入价格、维修保养价格、门数、载客能力、行李箱大小、安全性。评级标签为分类标签，也就是最后的评级结果，1 分最低，4 分最高。

```
In [2]: df = pd.read_csv('./input/车数据new.csv', encoding = 'gbk')
        df
Out[2]:
```

	买入价格	维修保养价格	门数	载客能力	行李箱大小	安全性	评级
0	高	高	2	2	小	低	1分
1	高	高	2	2	小	中	1分
2	较高	低	更多	4	大	高	2分
3	中	高	2	2	小	低	1分
4	中	高	2	2	小	中	1分
...	...	...	...	...	...	...	...
2892	低	低	2	更多	大	低	1分
2893	低	低	2	更多	大	中	3分
2894	低	低	2	更多	大	高	4分
2895	低	低	3	2	小	低	1分
2896	低	低	2	2	小	中	1分

2897 rows × 7 columns

In [3]:
```
grouped_values = df.groupby("评级").sum().reset_index()
g = sns.countplot(x="评级", data=df, palette="Blues_d")
plt.show()
```

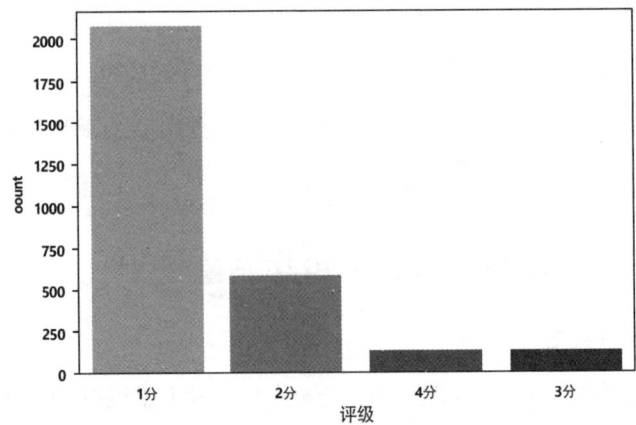

```
In [4]: df.评级.value_counts()
Out[4]: 1分    2069
        2分     576
        3分     128
        4分     124
        Name: 评级, dtype: int64
```

在此样本中，样本评级的分布情况为：4 分 124 个，3 分 128 个，2 分 576 个，1 分 2069 个。

2. 数据预处理。

为了方便计算机进行处理，可以将特征值和评级分类替换为数字。

```
In [5]: df["买入价格"] = df["买入价格"].map({'低':0, '中':1, '较高':2, '高':3})
        df["维修保养价格"] = df["维修保养价格"].map({'低':0, '中':1, '较高':2, '高':3})
        df["门数"] = df["门数"].map({'2':0, '3':1, '4':2, '更多':3})
        df["载客能力"] = df["载客能力"].map({'2':0, '4':1, '更多':2})
        df["行李箱大小"] = df["行李箱大小"].map({'小':0, '中':1, '大':2})
        df["安全性"] = df["安全性"].map({'低':0, '中':1, '高':2})
        df["评级"] = df["评级"].map({'1分':0, '2分':1, '3分':2, '4分':3})
        CLs = df.评级
        df.drop(['评级'], axis=1,inplace=True)
        data = np.array(df.values.tolist())
        target = np.array(CLs.values.tolist())
        df
```

Out[5]:

	买入价格	维修保养价格	门数	载客能力	行李箱大小	安全性
0	3	3	0	0	0	0
1	3	3	0	0	0	1
2	2	0	3	1	2	2
3	1	3	0	0	0	0
4	1	3	0	0	0	1
...	...	...	...	...	...	...
2892	0	0	0	2	2	0
2893	0	0	0	2	2	1
2894	0	0	0	2	2	2
2895	0	0	1	0	0	0
2896	0	0	1	0	0	1

2897 rows × 6 columns

将数据集划分为训练集和测试集，取样本数据的 10% 做测试集。

In [15]:
```
from sklearn.model_selection import train_test_split
train_data,test_data,train_target,test_target=train_test_split(data,target,test_size=0.1,random_state=1)
print("训练集样本数：",len(train_target),"\n测试集样本数：",len(test_target))
```

训练集样本数为 2607 个，测试集样本数为 290 个。

3. 建模。

引入树模型。

In [7]:
```
from sklearn import tree
```

建立一个决策树分类器。

In [8]:
```
clf = tree.DecisionTreeClassifier(criterion="entropy")
```

使用训练集样本数据进行训练。

In [9]:
```
clf.fit(train_data,train_target)
```
Out[9]: DecisionTreeClassifier(criterion='entropy')

决策树逻辑图如下所示：

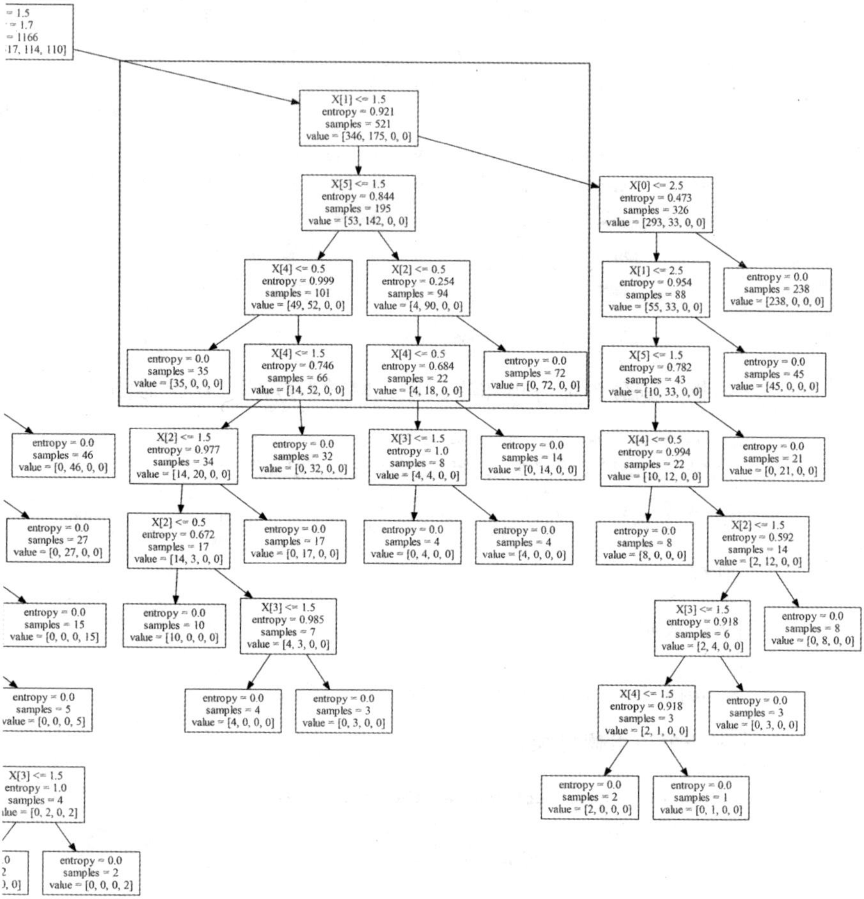
X[1] <= 1.5
entropy = 0.921
samples = 521
value = [346, 175, 0, 0]
X[5] <= 1.5
entropy = 0.844
samples = 195
value = [53, 142, 0, 0]
X[0] <= 2.5
entropy = 0.473
samples = 326
value = [293, 33, 0, 0]
X[4] <= 0.5
entropy = 0.999
samples = 101
value = [49, 52, 0, 0]
X[2] <= 0.5
entropy = 0.254
samples = 94
value = [4, 90, 0, 0]
X[1] <= 2.5
entropy = 0.954
samples = 88
value = [55, 33, 0, 0]
entropy = 0.0
samples = 238
value = [238, 0, 0, 0]
entropy = 0.0
samples = 35
value = [35, 0, 0, 0]
X[4] <= 1.5
entropy = 0.746
samples = 66
value = [14, 52, 0, 0]
X[4] <= 0.5
entropy = 0.684
samples = 22
value = [4, 18, 0, 0]
entropy = 0.0
samples = 72
value = [0, 72, 0, 0]
X[5] <= 1.5
entropy = 0.782
samples = 43
value = [10, 33, 0, 0]
entropy = 0.0
samples = 45
value = [45, 0, 0, 0]
entropy = 0.0
samples = 46
value = [0, 46, 0, 0]
X[2] <= 1.5
entropy = 0.977
samples = 34
value = [14, 20, 0, 0]
entropy = 0.0
samples = 32
value = [0, 32, 0, 0]
X[3] <= 1.5
entropy = 1.0
samples = 8
value = [4, 4, 0, 0]
entropy = 0.0
samples = 14
value = [0, 14, 0, 0]
X[4] <= 0.5
entropy = 0.994
samples = 22
value = [10, 12, 0, 0]
entropy = 0.0
samples = 21
value = [0, 21, 0, 0]
entropy = 0.0
samples = 27
value = [0, 27, 0, 0]
X[2] <= 0.5
entropy = 0.672
samples = 17
value = [14, 3, 0, 0]
entropy = 0.0
samples = 17
value = [0, 17, 0, 0]
entropy = 0.0
samples = 4
value = [0, 4, 0, 0]
entropy = 0.0
samples = 4
value = [4, 0, 0, 0]
entropy = 0.0
samples = 8
value = [8, 0, 0, 0]
X[2] <= 1.5
entropy = 0.592
samples = 14
value = [2, 12, 0, 0]
entropy = 0.0
samples = 15
value = [0, 0, 0, 15]
entropy = 0.0
samples = 10
value = [10, 0, 0, 0]
X[3] <= 1.5
entropy = 0.985
samples = 7
value = [4, 3, 0, 0]
X[3] <= 1.5
entropy = 0.918
samples = 6
value = [2, 4, 0, 0]
entropy = 0.0
samples = 8
value = [0, 8, 0, 0]
entropy = 0.0
samples = 5
entropy = 0.0
samples = 4
value = [4, 0, 0, 0]
entropy = 0.0
samples = 3
value = [0, 3, 0, 0]
X[4] <= 1.5
entropy = 0.918
samples = 3
value = [2, 1, 0, 0]
entropy = 0.0
samples = 3
value = [0, 3, 0, 0]
X[3] <= 1.5
entropy = 1.0
samples = 4
entropy = 0.0
samples = 2
value = [2, 0, 0, 0]
entropy = 0.0
samples = 1
value = [0, 1, 0, 0]
entropy = 0.0
samples = 2
value = [0, 0, 0, 2]

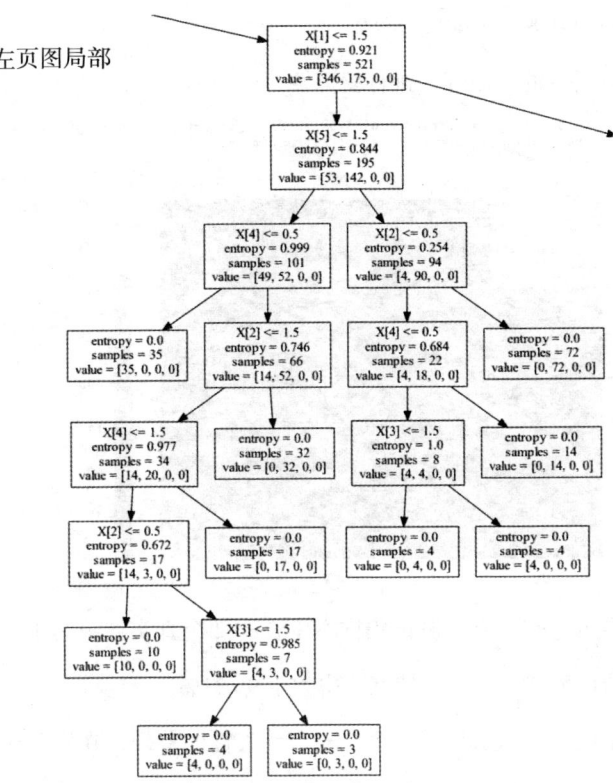

使用测试集样本数据进行预测。

In [11]: `y_pred = clf.predict(test_data)`

4. 验证。

引入模块。

In [12]: `from sklearn import metrics`

通过准确率进行验证。

In [13]: `print("准确率:",metrics.accuracy_score(y_true =test_target,y_pred=y_pred))`

准确率为 0.993103448275862。

最后，通过混淆矩阵，进行验证。

```
In [16]: colormetrics = metrics.confusion_matrix(y_true=test_target,y_pred=y_pred)
         sns.heatmap(colormetrics,annot = True,fmt = 'd')
         plt.show()
```

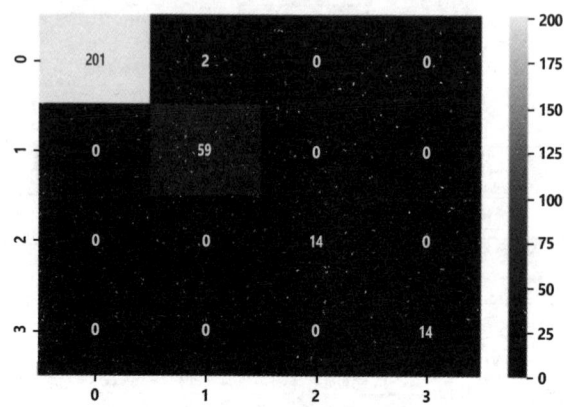

结果显示，在 290 个测试集样本中，有 2 个真实评级为 1 分的样本被分类器评为 2 分，分类器准确率大于 99.31%。

在该案例中，只选取了 6 个比较有代表性的特征，在实际应用中还可以有很多其他维度的特征，进一步调整优化该模型，就能达到自动评级提高效率的目的。

逻辑回归算法

逻辑回归，英文名是 logistic regression，是一种被广泛使用的机器学习算法。

这是一种二元分类算法,也就是通过已知的自变量来预测数据属于哪类,即判断数据标签的真假、是否等。

算法原理

逻辑回归算法通过拟合一个逻辑函数/假设函数(logic function/hypothesis function),预测一个事件发生的概率。预测的是概率值,输出结果必须在 0 到 1 之间。

通常,线性回归的结果[即 y=h(Θ,x)的结果]是连续值,取值范围也不确定,需要找到一个数学公式,将连续值转换成 0 到 1 之间的值。

这个转换函数就是 sigmoid 函数:

$$g(z) = -\frac{1}{1+e^{-z}}$$

算法公式

初始化权重。给定向量 Θ 的初始值,方便后续不断迭代更新。

加载数据。加载训练数据,方便拟合出假设函数。

计算假设函数:

$$h\theta(x) = g(\theta^T x)$$
$$g(z) = -\frac{1}{1+e^{-z}}$$

(注:上面的公式表明自变量和标签之间的函数关系,下面的公式将标签取值范围缩小到 0 到 1 之间,以判断一个事件发生的概率。)

计算单一样本的代价函数:

$$\text{cost}(h\theta(x), y) = \begin{cases} -\log(h\theta(x)) & \text{if } y=1 \\ -\log(1-h\theta(x)) & \text{if } y=0 \end{cases}$$

（注：对单一样本而言，它的错分类代价就是：当 y 等于 1 时，$h(x)$ 的结果是 0；当 y 等于 0 时，$h(x)$ 的结果是 1。）

计算总体样本的损失函数：即 N 个样本的代价均值。

$$J(\theta) = \frac{1}{m} \sum_{i=1}^{m} \text{Cost}(h\theta(x)^{(i)}, y^{(i)})$$

$$= -\frac{1}{m} \left[\sum_{i=1}^{m} y^{(i)} \log h\theta(x^{(i)}) + (1-y^{(i)}) \log(1-h\theta(x^{(i)})) \right]$$

使用梯度下降法来迭代更新参数值向量 Θ，以保证损失函数最小。

do

 for 每一个参数 θ_i do

  //同时更新每一个 θ_i

  $\theta_i = \theta_i - a \frac{1}{N} \sum_{j=1}^{N} (h(x^{(j)}; \theta) - y^{(j)}) x_i^{(j)}$;

 end for

until 收敛

算法的应用模型

线性回归模型正则化是逻辑回归算法的一个模型。

$$J(\theta) = \frac{1}{2m} \left[\sum_{i=1}^{m} (h\theta(x^{(i)}) - y^{(i)})^2 \right] + \lambda \sum_{j=1}^{n} \theta_j^2$$

使用相同的思路，对逻辑回归模型的损失函数进行正则化，其方法也是在原来的损失函数的基础上加上正则项：

$$J(\theta) = -\frac{1}{m} \left[\sum_{i=1}^{m} y^{(i)} \times \log(h\theta(x^{(i)})) + (1-y^{(i)}) \times \log(1 - h\theta(x^{(i)})) \right] + \frac{\lambda}{2m} \sum_{j=1}^{n} \theta_j^2$$

同时，正则化后的参数迭代公式为：

$$\theta_j = \theta_j - \alpha \frac{\partial J(\theta)}{\theta_j}$$

$$\theta_j = \theta_j - \alpha \Big[\frac{1}{m} \sum_{i=1}^{m} \big(h\theta(x^{(i)}) - x_j^{(i)} \big) + \frac{\lambda}{m} \theta_j \Big]$$

需要注意的是,(1)上式中 $j \geq 1$,因为 θ_0 没有参与正则化;(2)逻辑回归和线性回归的参数迭代算法看起来形式一样,其实并不一样,因为两个式子的预测函数 $h\theta(x)$ 不一样,如:针对线性回归 $h\theta(x) = \theta^T x$,而针对逻辑回归 $h\theta(x) = \dfrac{1}{1 + e^{-\theta^T x}}$。

逻辑回归模型可以解决二分类问题,增加样本的准确性。主要有以下优点:

(1)善于获取数据集中的线性关系;

(2)适用于已有了一些预先定义好的变量且需要一个简单的预测模型的情况下使用;

(3)训练速度和预测速度较快;

(4)在小数据集上表现很好;

(5)结果可解释,并且易于说明;

(6)当新增数据时,易于更新模型;

(7)不需要进行参数调整(下面的正则化线性模型需要调整正则化参数);

(8)不需要特征缩放(下面的正则化线性模型需要特征缩放);

(9)如果数据集具有冗余的特征,那么线性回归可能是不稳定的。

算法的实践案例之百合花数据集分类

1. 数据概况和数据预处理。

首先，了解一下这批百合花样本数据。

```
In [2]: data = pd.read_csv('./input/百合花new.csv',encoding='gbk')
        data # 展示数据
Out[2]:
        茎高   叶长   叶宽   花梗   苞片长   苞片宽   分类
    0   56.8  10.9  1.0  2.8  10.0   1.2   麝香百合
    1   50.1   8.7  1.5  2.9   8.1   1.2   麝香百合
    2   82.3  10.2  1.4  2.8   7.9   1.2   麝香百合
    3   67.9  10.1  1.4  2.9   7.9   1.3   麝香百合
    4   57.8  11.0  1.0  2.9   7.8   1.3   麝香百合
    ...  ...   ...  ...  ...   ...   ...    ...
    295 153.7 16.7 13.4  7.0  11.7   1.8   云南大百合
    296 134.7 19.1 14.6  5.2  11.4   1.6   云南大百合
    297 126.8 19.2 12.7  5.4  12.1   1.6   云南大百合
    298 191.7 19.7 14.3  5.6  13.1   1.6   云南大百合
    299 105.9 17.7 14.5  5.6  14.7   1.9   云南大百合

300 rows × 7 columns
```

可见，此数据集一共包括300个百合花样本，每个样本都含有6个特征，分别是"茎高""叶长""叶宽""花梗""苞片长""苞片宽"。

统计出百合花种类的整体分布情况：

```
In [3]: data['分类'].value_counts()
Out[3]: 青岛百合       100
        云南大百合      100
        麝香百合       100
        Name: 分类, dtype: int64
```

由此就能看到，此数据集"分类"标签下一共有三种百合花，每种百合花100个样本，平均占到全部样本的1/3。

然后，对每种百合在各特征中的分布情况进行画图，如下图：

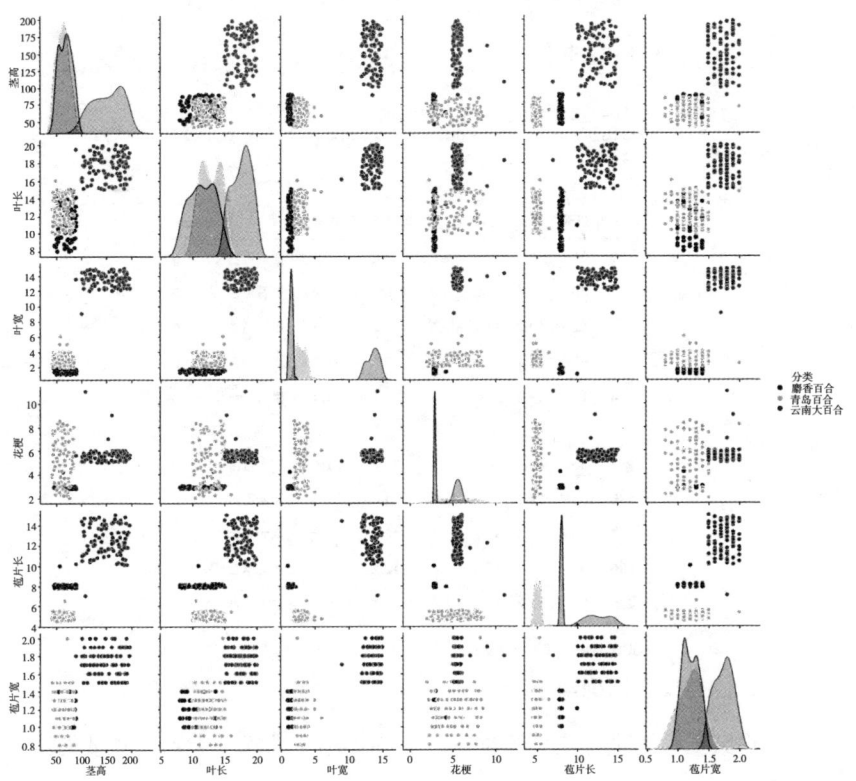

从图片直观上可以发现:

表示"云南大百合"的点相对独立且集中,比较容易划分;而表示"麝香百合"与"青岛百合"的点有部分重合,比较难以区分。

在特征"苞片长"的分布中,三种百合的点分布相对清晰且没有重合,苞片长是区分三种百合花的重要特征。

为了使计算机能够更好地识别,在数据处理时需要进行整数编码,不仅要将字符串格式的标签"分类"替换成整数,增加"target"

这一列，还要将"麝香百合"定为 0，"青岛百合"定为 1，"云南大百合"定为 2，代码如下：

```
In [5]: class_dict = {"麝香百合":0,"青岛百合":1,"云南大百合":2}
        data["target"] = data["分类"].map(class_dict)
        data
```

Out[5]:

	茎高	叶长	叶宽	花梗	苞片长	苞片宽	分类	target
0	56.8	10.9	1.0	2.8	10.0	1.2	麝香百合	0
1	50.1	8.7	1.5	2.9	8.1	1.2	麝香百合	0
2	82.3	10.2	1.4	2.8	7.9	1.2	麝香百合	0
3	67.9	10.1	1.4	2.9	7.9	1.3	麝香百合	0
4	57.8	11.0	1.0	2.9	7.8	1.3	麝香百合	0
...	...	...	...	...	...	...	...	...
295	153.7	16.7	13.4	7.0	11.7	1.8	云南大百合	2
296	134.7	19.1	14.6	5.2	11.4	1.6	云南大百合	2
297	126.8	19.2	12.7	5.4	12.1	1.6	云南大百合	2
298	191.7	19.7	14.3	5.6	13.1	1.6	云南大百合	2
299	105.9	17.7	14.5	5.6	14.7	1.9	云南大百合	2

300 rows × 8 columns

2. 分类模型训练。

将数据分为训练集和测试集，训练集用于训练分类器，测试集用于评估分类器性能。

假设，将数据分成 70% 的训练集和 30% 的测试集两部分。既然在原始数据集中三种花的比例为 1∶1∶1，就应该尽量使训练集和测试集中三种花的比例满足 1∶1∶1。

在 Sklearn 的 model_selection 模块中，使用 train_test_split 函数，就能实现上述均匀划分。

```
In [6]: from sklearn.model_selection import train_test_split  # 调用train_test_split函数

In [7]: X = data[["茎高","叶长","叶宽","花梗","苞片长","苞片宽"]]
        Y = data["target"]
```

按照 target 的取值比例进行数据划分，就能将 stratify 参数设置成预测变量 Y，测试集比例为 0.3，代码如下：

```
In [8]: X_train, X_test, Y_train, Y_test = train_test_split(X, Y, test_size=0.3, random_state=42,stratify=Y)
```

调用 sklearn.linear_model.LogisticRegression，构建基于逻辑回归的百合花分类模型，同时使用刚才分好的训练集样本进行模型的训练：

——C：默认值为 1，数据类型为 float。C 值越大，正则化程度越弱。

——solver：该参数表示选择的优化算法名称，默认值为"liblinear"，取值范围为 {"newton-cg""lbfgs""liblinear""sag"}。

——penalty：默认值为"l2"，取值范围为 {"l1""l2"}，newton-cg 和 lbfgs 算法只支持 l2 正则化。

——multi_class：默认值为"ovr"，表示将一个类的样例作为正例，其他类的样例作为反例，训练多个分类器；"multinomial"表示最小化多项式损失满足整个概率分布，只适用于"lbfgs"。

```
In [9]: from sklearn.linear_model import LogisticRegression
classifier = LogisticRegression(C = 1e3)
classifier.fit(X_train,Y_train)
Out[9]: LogisticRegression(C=1000.0)
```

3. 模型性能评估。

使用 predict() 函数，得到百合花分类模型在测试集上的预测结果；然后，使用 sklearn.metrics 中的相关函数，对模型的性能进行评估。

```
In [10]: from sklearn import metrics      # 引入sklearn.metrics
         predict_y = classifier.predict(X_test)
         print(metrics.classification_report(Y_test,predict_y))

                       precision    recall  f1-score   support

                    0       1.00      1.00      1.00        30
                    1       0.97      1.00      0.98        30
                    2       1.00      0.97      0.98        30

             accuracy                           0.99        90
            macro avg       0.99      0.99      0.99        90
         weighted avg       0.99      0.99      0.99        90
```

该矩阵反映了在测试集中对不同类别的花分类的精度（precision）、召回率（recall）和F1值（f1-score）。接下来，通过混淆矩阵，来观察预测分类和实际分类的情况。

通常，好的模型的混淆矩阵对角线元素值会明显大于非对角线元素值。此混淆矩阵的热点图如下：

```
In [11]: colormetrics = metrics.confusion_matrix(Y_test,predict_y)
         sns.heatmap(colormetrics,annot = True,fmt = 'd')
Out[11]: <AxesSubplot:>
```

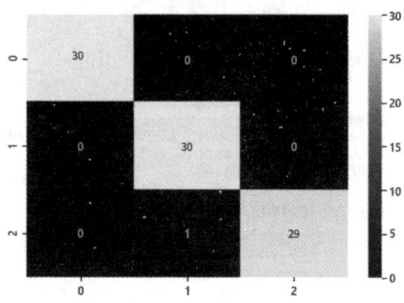

可以发现，有一个样本分类错误，有一个真实类别为2（云南大百合）的样本被分类器分类成了1（青岛百合）。

本章小结

人工智能的核心算法主要涉及这样几个：

朴素贝叶斯分类是一种假设特征条件之间相互独立的方法：首先，通过已给定的训练集，以特征词之间独立作为前提假设，学习从输入到输出的联合概率分布；然后，基于学习到的模型，输入 X，求出使得后验概率最大的输出 Y。

TF-IDF 算法属于搜索引擎中的核心部分，是一种统计方法，可以用来评估某个字词对于一个文件集或一个语料库中一份文件的重要程度。

Boosting 是一种重要的集成学习技术，在直接构造强学习器困难的情况下，为学习算法的设计提供了一种有效的思路和方法。

K 近邻算法是 1967 年由 Cover T 和 Hart P 提出的，查找的是最邻近的 K 个样本点，具体方法是：以某个数据为中心，对离其最近的 K 个邻居特征进行分析，获得该数据中心可能的特征。

面对稀疏数据时，使用 ALS 算法，能在用户和物品之间，建立一个相互作用模型。

Apriori 算法是一种挖掘关联规则的频繁项集算法，其核心是通过候选集生成和情节的向下封闭检测两个阶段，挖掘频繁项集，主要用作快速的关联规则分析。

决策树算法是一种逼近离散函数值的方法,从本质上来说,就是通过一系列规则对数据进行分类的过程。

逻辑回归,是一种广泛使用的机器学习算法。这是一种二元分类算法,也就是通过已知的自变量来预测数据属于哪类,即判断数据标签的真假、是否等。

下篇 运用篇

AI风暴——人工智能的商业运用

第五章　企业商业领域的应用

大咖谈AI：

"在人工智能方面，腾讯相比百度还是落后，但目前腾讯的各个事业部内部，都已经有相关的研究和布局。"

——腾讯董事会主席兼首席执行官　马化腾

目前，人工智能已经被广泛运用于商业领域，各企业纷纷布局人工智能，比如，腾讯建立了一站式工业AI平台，京东设立了分布式向量搜索系统，美团全方位应用AI，百度采用了中文纠错技术，科大讯飞创立了智能语音，字节跳动的自动写稿机器人，Uber（优步）的实时定价等。

学习成功者的经验，在人工智能化的道路上，就能少走很多弯路。

腾讯一站式工业AI平台

在数字经济时代，腾讯积极推进连接智慧化、内容生态化、技术云化，加速推进数字化的转型升级，促进了数字经济的发展。

腾讯研究院联合腾讯开放平台发布《2017互联网科技创新白皮书》（以下简称《白皮书》）。在《白皮书》里，腾讯提出：目前我们正处于一个三浪叠加的时代，即AI时代以移动宽网技术和智能IOT共同发展。未来三五年内，AI技术、5G技术与IOT将逐步融为一体，即AI技术社会。

在这份《白皮书》里，腾讯首次对其AI生态的布局和构建进行了全面介绍，具体有四大战略：加速技术研发共同体的组建和积累；构建消费共同体，创建AI多维应用场景；构建产业共同体，AI技术赋能全行业；建立开源生态。

在四大战略的指导下，腾讯相继成立了人工智能联合实验室、腾讯AI Lab和腾讯AI Lab西雅图实验室，向全行业提供腾讯全方位的AI能力接口，推动AI技术在细分领域中的落地应用。

2018年9月18日，在"2018年世界人工智能大会"腾讯分论坛上，首次对外公开亮相的腾讯Robotics X实验室表示，将致力于攻克ABC基础能力——人工智能、机器人本体与自动控制，探索代表机器人智能趋势的 D 到 G 能力——进化学习、情感理解与拟人、灵活弹性，最后实现"成为人类守护天使"的终极目标。

其实，腾讯的一站式工业 AI 平台的思路，由来已久。

在"3Q 大战"之后，腾讯面临着巨大的舆论压力。为了缓解这一问题，腾讯提出了开放战略，聚焦于"两个半"的核心业务：一个是社交平台，一个是数字内容，半个则是金融业务。腾讯将核心业务以外的领域都开放给合作伙伴，最终造就了如今的双马格局。

当然，这种开放并不是在一朝一夕中完成的，开放所带来的影响也不能立竿见影。

腾讯的开放生态一共分为三个阶段：

第一阶段：PC 生态。2011 年腾讯正式开启 PC 生态，到 2012 年第三方总收益超过 20 亿元。2013 年年底，应用宝正式融入腾讯开放平台体系，腾讯开放平台正式打通了应用宝、QQ、QQ 空间、朋友网等腾讯全平台资源，实现一点接入全平台分发。当应用开发者做出应用提交到腾讯开放平台后，该应用便会被相应地推送到应用宝、QQ、QQ 空间、朋友网等所有腾讯平台，当年 26 款应用的流水便超过了千万元。

第二阶段：移动生态。随着智能手机的兴起，移动端成了人们的必争之地。2014 年腾讯开启移动生态，微信公众号在此期间崛起。开启之初，合作公司总估值 2000 亿元，第三方总收益超过百亿元。随后，在大众创业、万众创新的呼声下，腾讯众创空间在全国 29 个城市建立了 34 个众创空间，第三方收益总额超过 230 亿元。

第三阶段：AI生态。在腾讯开放初期，马化腾反复强调，开放是一种能力，而不是一种姿态。开放的能力，包含一个产业链条的建设，比如，前期用户抵达、中期信息扩散、后续投资、底层技术储备等。2018年，腾讯正式发布AI生态，在各行业挑选了最有潜力的AI创业项目，从技术赋能、思维升级、渠道合作等几个方面加速企业成长。在9个月的加速期内，腾讯的整体估值从70亿元增加到260多亿元，增长了近3倍，并最终形成15个行业的解决方案。

如今，腾讯的AI生态开放，正在不断加快步伐。在2018年的UEC围棋比赛中，腾讯AI Lab的AI"绝艺"战胜了日本DeepZenGO在内的多只AI，夺得了冠军。此后，"绝艺"一枝独秀，甚至连棋圣聂卫平在大盘讲解中也感叹"绝老师"的厉害。随后腾讯AI Lab从围棋AI"绝艺"等单个AI的完全信息类游戏，转移到下一个攻坚堡垒——规则不明确、任务多样化、情况复杂的游戏类型。游戏是人们在虚拟世界里意识的延伸，也是现实与虚拟的接口，腾讯将AI应用于虚拟世界里的经验复制于现实场景中，很好地解决了现实问题。

当然，除了游戏，腾讯在内容、社交、医疗、零售等领域，都实现了技术落地。腾讯三大实验室在各自的领域深耕，仅腾讯AI Lab，成立两年多时间来，就在CVPR、ACL、ICML和NIPS四大顶级学术会议上发表240多篇论文，位居国内企业前列。

AI风暴——人工智能的商业运用

京东分布式向量搜索系统

为了迎接数字化时代的到来,京东在自然语言识别、图像识别、智慧物流、智慧供应链以及金融科技领域布局人工智能。京东人工智能持续探索前沿科技,聚焦商业应用落地,加速释放科技的商业价值。京东在计算机视觉、语音与声学、语义、对话、机器学习、知识图谱等技术领域不断深耕,拓展了 AI 技术的边界。

为了让 AI 算法领域的专家能更专注于算法,京东零售技术架构团队在现有的部分业务及应用场景中,抽象提炼了一个服务于 AI 时代的基础向量检索系统——vearch,让业务综合性能获得显著提升,加速了重复图片去重、相似性商品图片搜索、人脸识别等 AI 应用的响应速度。

vearch 是一个分布式向量搜索系统,可以用来存储、计算海量的特征向量,为 AI 领域的向量检索提供基础系统支撑与保障。该系统能够完整地解决海量特征的存储与计算,为文本、图像、音视频检索等应用提供统一的基础设施,被广泛地应用于图像、音视频和自然语言处理等学习领域。例如,基于 vearch 的实时在线相似性图片搜索,可以帮助电商平台为用户提供同款商品搜索服务,提升用户体验。

vearch 的向量检索系统架构主要由 Master、Router 和 Partition

Server（PS）三部分组成，如表 5-1 所示。

表5-1　vearch系统组成

组成	说明
Master	Master可以对整个vearch集群的资源进行调度和管理，这些资源包括数据分片的位置、数据schema的结构；同时，还可以对集群中各节点的状态进行监控和分片的调度，保证整个集群中所有节点的负载相对均衡，为集群水平拓展提供可靠支持。
Router	这是一个无状态且轻量的路由模块，主要工作是对用户的所有请求进行解析路由和转发，对入参提供校验，给用户提供基于Restful数据管理的接口及权限控制；此外，还负责将各个partition上的结果集进行合并二次排序筛选。
Partition Server（PS）	这是存储及重要的计算节点，可以支持上百个实例，一个partition server上可以存在多个partition。这些partition之间互相独立，由master+router进行统一管理，partition server的内核采用gamma引擎进行索引及数据存储。

数据模型主要包括空间、文档、向量和标量。一个空间可以创建多个文档，一个文档由多个字段组成，每个字段可以是向量类型，也可以是标量类型。

vearch 基于 raft 协议实现数据多副本存储，不仅可以保证系统数据的高可用，还能支持方便地横向弹性扩展。为满足实际业务场景需要，vearch 还提供了算法插件服务模块，通过选择默认的 VGG、Resnet 或自定义算法模型等，提供一键式端到端的图像检索、视频流智能监控等业务场景的解决方案。

vearch 可以实时查询，方便维护，易于扩展，同时提供了多种使用方式，部署灵活，支持深度学习，可以落地多数相似性向量搜索场景，不论输入的是文本、图片、音频还是视频，只要能通过深度学习编码成高维特征向量，就可用 vearch 来一键部署。

vearch 提供了自主研发的内存 + 磁盘混合存储和 rocksdb 两种存储方式。向量存储有其固有的特点，比如，定长、所占空间比较大、连续存储可以压缩、可以考虑分桶聚簇存储……因此，自定义存储结构可优化空间比较大。

美团的AI应用

如今，人工智能技术已经广泛应用于美团的众多业务，从美团 App 到大众点评 App，从外卖到打车出行，从旅游到婚庆亲子，美团将 AI 技术应用于搜索、推荐、广告、风控、智能调度、语音识别、机器人、无人配送等多个领域，帮助数以亿计的消费者和数百万商户改善服务和体验。

基于 AI 技术，美团搭建了世界上规模最大、复杂度最高的多人、多点实时智能配送调度系统；

基于 AI 技术，美团推出了业内第一款大规模落地的企业应用级语音交互产品，为 50 万骑手配备了智能语音系统；

基于 AI 技术，美团构建了世界上最大的菜品知识库，为 200 多万商户、3 亿多件商品绘制了知识图谱，为 2.5 亿用户提供了精准的用户画像，并构建了世界上用户规模最大、复杂度最高的 O2O 智能推荐平台。

美团做人工智能，一方面为用户提供了更好的生活服务的引擎，让用户得到更好的服务体验；另一方面，美团也在探索未来的生活、未来的城市。

下面我们就来举几个例子。

无人配送解决"最后一公里"

美团发布的末端配送机器人，解决了送餐机器人不能到达"最后一公里"的问题，完成了美团无人配送链条当中的关键环节，完善了用户体验。美团的无人配送主要运用于以下几种场景：

1. 楼内一百米的配送。在国内的高楼或酒店，都不允许快递小哥进入，这时候使用一个能够在楼内自动跑的机器人，就能跟电器进行交互，把餐从楼门口送上楼。"福袋"就能自动地跟电梯交互，一共有三个餐箱，可以自动检测食物的温度，比如是冰激凌还是热餐，以此来调节餐箱的温度。

2. 园区内配送。被运用于大学校园、工业园区等。比如，有一款是较早发布的"小袋"，在雄安市民服务中心里面已经开始运转，在园区外速度稍微高一点儿，楼内每秒钟0.5或1米，跟人的步行差不多；园区里面稍微快一点儿，"小袋"每小时运行5~10公里。园区路面并不平整，需要适应不是很平的路面，甚至需要具备通过15厘米坎儿的能力，在园区内自动做高精地图，自动定位。

3. 末端3公里城市道路。具备L4级自动驾驶能力，运行速度更快，车辆比较大，每次可以拉6~10个甚至10个以上的订单，具备识别公开道路上的交通标志、红绿灯等能力。

4.无人机点对点快速配送。这种配送方式主要用于空中配送，或者山区配送，像重庆等山多的地方，或者中间有河、湖隔离的地方，以及用户希望非常快地收到外卖订单的情况。原因在于，如今不管是人工配送，还是地面的无人机配送，美团外卖都能保证30分钟送达，但很多用户希望更快，比如10分钟或5分钟就收到，希望提供更快的解决方案，希望未来将餐直接送到用户手上，飞行速度可以达到40公里/小时甚至更高。

美团语音助手

美团外卖语音助手，定位主要包括以下两个：

1.为了保证安全，要做一套全流程的语音交互方案。配送过程中的各个环节都能用语音操作，不需要骑手看手机，可以更好地解放双手，保证了骑手的安全。比如，在行驶过程中，有个订单过来了，系统问骑手要不要接单，只要通过指令回答"是"或"否"或"OK"即可，不需要像以前那样把手机掏出来进行操作。

2.设计极简的步骤。所有的操作能在1~2个步骤里完成。第一个步骤是信息播报，第二个步骤是通过语音命令完成操作，将原来的5~6个步骤，精简到现在的1~2个。

美团点评

2017年5月，美团点评开放美团云能力，开启AI战略，抓紧在

AI 上的布局和节奏，开放了包括主机类、平台类和服务类等在内的三个产品。其中，平台类美团云正式开放了深度学习平台，输出美团云 AI 能力，为用户提供含 Paddle Paddle、Tensor Flow、Caffe、Torch 在内的学习框架。

近期，美团点评在图片识别上还实现了新突破。对于视频评论，美团点评采取抽帧的方式进行审查，依据视频长短、画质好坏等，计算出相对应的抽帧审核比例。依托人工智能，美团点评已经实现了文字、图片、视频等内容的全面覆盖。

目前，美团点评平台上每天 UGC（全称"User Generated Content"，即用户生成内容）超过 300 万条，其中 99.6% 的 UGC 都可以通过人工智能审核，剩下的 0.4% 会由人工介入审核。因此，虽然近一年来平台 UGC 内容增长了 4 倍，但人工审核团队人员规模却精简了一半。

人工智能的优势在于能够不断地自主学习，而学习必须建立在海量实例和数据的基础上，"喂"的数据越多，AI 就越聪明。作为第三方点评模式的开创者，美团点评已经累积了 15 亿条历史用户评价。得益于多年累积的海量内容数据，美团点评在运用人工智能技术打击虚假评论、垃圾信息方面独具优势，处于业内领先地位。

目前，美团点评已经运用 300 多种算法来筛选虚假评论，每周会根据统计出来的算法命中率等参数进行算法的迭代和优化，及时跟进识别、防控新出现的虚假评论手法。

百度中文纠错技术

作为中国第一搜索引擎,百度依托优秀的搜索引擎技术,在互联网领域确立了自己的主导地位。如今,随着人工智能产业的逐渐兴起,百度凭借自身的优势成功地进入了人工智能领域;凭借其独特的敏感性和前瞻性功能,在人工智能领域展现了积极的布局。其中之一就是智能中文纠错。

近年来,随着新媒体行业的快速发展,中国自媒体从业人数逐年增长,从 2017 年至今,足足约有 260 万。但是,跟传统媒体比起来,其缺少人工校稿环节,编辑好的文章即刻发表,文章的错误比例比较高。比如,一些新媒体平台的正文错误率在 2% 以上,标题错误率约为 1%。同时,语音智能硬件产品的兴起,也暴露出语音识别技术的极高错误率,在某些场景语音识别中,甚至可能达到 8%~10%,对后续的 query 理解及对话效果造成负面影响。因此,研发优质的中文纠错技术,也就成了必需。为了满足这一需求,百度中文纠错不仅需要支持多种类型的错误识别,需要支持不同模态的输入数据,还需要提供快速的场景迁移和深度定制能力。

概括起来,中文常见的错误可以分为三类:

1. 用词错误。由于输入法等原因导致的选词错误,其主要表现为音近、形近等。

2. 文法或句法错误。该类错误主要是由于对语言不熟悉导致的，比如多字、少字、乱序等，错误片段相对较大。

3. 知识类错误。该类错误可能是由于对某些知识不熟悉引发的，要想解决这类问题，得引入外部知识和常识等。

关键步骤

百度中文纠错的整体架构，可以分解为错误检测、候选召回、纠错排序三个关键步骤，如表 5-2 所示。

表5-2　百度中文纠错的关键步骤

步骤	说　明
错误检测	错误检测的目标是对输入句子可能存在的问题进行识别，采用序列表示+CRF的序列预测模型。该模型的创新点主要包括：词法/句法分析等语言先验知识的充分应用；不仅具备泛化能力比较强的特征，还结合了大量hard统计特征；既充分利用了DNN模型的泛化能力，又对低频与OOV作了具体的区分。最后，根据字粒度和词粒度各自的特点，在模型中进行融合，解决词对齐的问题。
候选召回	识别出具体的错误点后，要进行错误纠正。为了实现更好的效果和性能，需要结合历史错误行为和音形等特征召回纠错候选。主要工作有两个：离线的候选挖掘，在线的候选预排序。其中，离线的候选挖掘利用大规模多来源的错误对齐语料；在线的候选预排序主要是针对当前的错误点，对离线召回的大量纠错候选，结合语言模型以及错误混淆矩阵的特征，对进入纠错排序阶段的候选集数量与质量进行控制。
纠错排序	百度中文纠错采用的是Deep Wide的混合模型结构，Wide部分基于形音、词法、语义、用户行为等特征学习原词与候选词的多维度距离表示；同时，使用GBDT+LR模型，学习到更好的特征组合。

核心技术

中文纠错要想在错误检测、候选召回、纠错排序等策略层面上取得较好效果，最关键的还在于解决最基本的自然语言处理问题：语言知识、上下文理解、知识计算。

其中，语言知识，主要完成对语言规则的学习，对语言结构的理解，具体包括词法分析、句法分析以及语言模型；上下文理解是指，要理解错误点上下文所表示的内容或语义；知识计算是指，从知识（客观规律）的维度考虑问题，重点要将文本理解与知识关联起来。

系统框架

如何才能构建一个完整的中文纠错系统呢？百度的中文纠错系统支持两种纠错系统框架：ECNet 和 Restricted-V NEC。

ECNet 系统把纠错任务分成很多步骤、多个模型，每个模型解决具体的特定问题，然后通过 Pipeline 的方式进行串联，得到最后结果。这种方式便于分析问题，能够针对各个问题进行重点突破，但是也存在两个问题：（1）错误逐级传递；（2）各模型单独学习，模型之间知识无法共享。

Restricted-V NEC 系统采用端到端的学习、联合优化，只用单个模型，就能完成纠错任务。

主要运用

百度中文纠错主要被应用于以下三个方面：

1. 开放域纠错。开放域纠错没有场景限制,支持多模态输入,可以是文本,还可以是语音,不同的输入形式对应不同的混淆矩阵,整个纠错过程包括错误检测、候选召回、纠错排序和序列解码,支持多种类型的错误纠正。开放域纠错的典型应用场景,比如写作辅助和内容审核。

(1)写作辅助。在用户编辑文章的过程中,纠错服务能够及时发现用户错误行为,提高内容创作者的创作质量和效率。

(2)内容审核。对于完稿的文章,纠错服务会对其标题和内容进行错误检测,由专业人员进行二次审核,保证文章质量,提高用户的阅读体验。

2. 场景纠错。场景纠错,与开放域纠错的主要区别在于领域知识的使用。场景纠错的重点是针对输入数据做文本的理解、基于场景语料获取关联知识、基于大规模语料学习语言规则,其应用点主要有地图检索和语音产品。在地图检索业务中,利用POI、位置距离特征及文本理解进行场景纠错,可以协助用户更好地找到目的地,改善用户体验。在语音产品业务中,语音的内容应该与当前环境场景相吻合,基于文本理解进行纠错。

3. 纠错开放平台。百度中文纠错基于百度十几年在自然语言处理领域的技术积累,有效地融合了丰富的知识库、文本理解等特征,通过互联网用户行为挖掘海量训练样本,结合树模型和神经网络模型的优势,实现了海量数据的高效利用,因此,百度中文纠错具有算法识别精度高、效果稳定性强的特点。

AI风暴——人工智能的商业运用

科大讯飞智能语音

提到科大讯飞,大家的第一印象就是它的智能语音技术。其智能语音技术在国内和国际都处于领先的位置,很多企业使用的语音技术都来自科大讯飞的软件。

科大讯飞是智能语音领域的绝对王者,代表了国际领先水平,屡获国际大奖,2019年获得Blizzard Challenge国际语音合成大赛14连冠,同年8月斩获人工智能领域的"诺贝尔奖"——SAIL应用奖。

科大讯飞的拳头产品是语音,其与中国移动联合开发的"灵犀"语音助手是普通话综合识别率最高的智能语音软件,也是国内市场占有率最高的中文语音助手。"灵犀"支持全程用语音操控手机,在用户与手机交谈中,就能完成打电话、发短信、设提醒、查地图、找美食等日常操作,轻松享受智能生活。

科大讯飞的一个主要产品,即讯飞翻译机3.0版本,支持59种语言,覆盖约200个国家和地区,在线语音翻译水平达到英语专业八级,覆盖医疗、外贸、体育等七大热门行业的专业词汇翻译,还支持粤语、四川话、东北话与英语的互译,以及维吾尔语、藏语、粤语与普通话的互译。

基于自己优秀的智能语音和语言技术,科大讯飞还推出了以语音转文字为核心功能的系列产品和服务——"讯飞听见",解决了企事业单位日常会议、大型发布会、课程培训、媒体节目制作等各场景下的音频转写问题,各行业的人都可以轻松应对速记费用昂贵、整理录音复杂、查找重点困难、角色辨认模糊、录音质量低劣等录音机整理问题。

在软硬件产品的基础上,讯飞开放平台推出了业界最自然、流畅的人机智能交互解决方案——AIUI。AIUI使人与机器可以通过语音、图像、手势等交互方式,进行持续、双向、自然的沟通。该方案包括前端声学处理、语音识别、语音合成、云端连续识别远场引擎、语义理解平台、内容平台、用户个性化系统等。该方案不仅具备语音交互能力,还具备第三方在平台上进行灵活配置、业务扩展的能力。

目前,讯飞开放平台已经持续赋能160多万的生态合作伙伴,AI生态形成了能力星云、iFLYOS AIoT、解决方案三大生态产品矩阵。科大讯飞的AI公益方言保护计划吸引700万人参与,合作伙伴超过100多家,覆盖十大方言区,主要为助残应用免费提供技术支持。

科大讯飞一路狂奔,在人工智能领域占据了突出地位和领先优势,美国倍感恐惧。为了限制科大讯飞的快速发展,2019年10月8日,美国商务部将科大讯飞列入实体清单,禁止美国公司将美国技术、设备、元器件、原材料供应给科大讯飞,更不允许科大讯飞将产品销往美国。可是,即便如此,科大讯飞依然在通过对外开放入口,向客户提供语音交互技术及服务。

AI风暴——人工智能的商业运用

字节跳动的自动写稿机器人

字节跳动人工智能实验室成立于2016年，研究重点是开发为字节跳动内容平台服务的创新技术。借助人工智能技术，字节跳动重新定义了人类连接和共享信息的方式。

作为信息流行业的产品和服务提供商，字节跳动率先部署了大规模的人工智能模型。写作机器人xiaomingbot，就由字节跳动和北京大学计算机所共同研发。

在2016年里约奥运会期间，xiaomingbot 13天创作457篇赛事报道即日均写成35篇报道，成功出圈，一度成为各大科技媒体热门话题。奥运会结束后，xiaomingbot进入体育、科技、财经、房产等十几个领域，生产力成倍增加。截至2017年，其稿件累计达到两万多篇；当年年底，xiaomingbot获得"吴文俊奖"，这是中国人工智能领域的最高荣誉奖项。

新闻机器人，是人工智能在新闻领域的最新应用。xiaomingbot的特征显著如下：

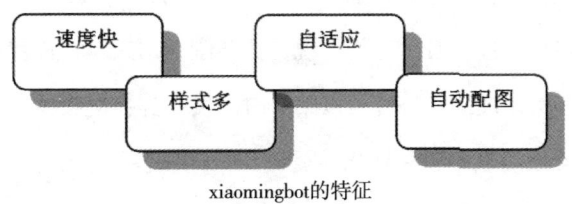

xiaomingbot的特征

1.速度快。数据库数据更新速度很快,在2秒内,就可生成新闻稿并完成发布。

2.样式多。既可以对详细比赛做出描述总结,也可以生成简明扼要的快讯简报。

3.自适应。根据比赛选手的排名、赛前预测与实际赛果的差异、比分悬殊程度,可以自动调整生成新闻的语气,并使用带有感情色彩的词语,如"不可小觑"等。

4.自动配图。通过自动选图技术,写稿机器人可以给新闻配图,更加生动形象。

写稿机器人 xiaomingbot 不仅可对核心数据进行梳理,还能够根据算法在第一时间自动生成稿件,瞬时输出分析和研判。每天可以完成百篇稿件,在数量上"完胜"单兵作战的记者。之后,通过数据库对接、信息搜集、文本生成、润色完成报道,发布、推送到手机客户端。

机器人 xiaomingbot 写稿的优势主要体现在:

1.提高新闻的时效性。首先,新闻机器人通过对相似稿件写作模式的学习,凭借其快速的信息处理能力,可以在极短的时间内写出一篇符合该媒体写作风格的作品。在奥运会期间，xiaomingbot一篇稿件的完成时间在2秒左右，也就是说，比赛刚一结束，稿件就已经写好发布了。其次，发出的稿件可以第一时间发布到社交媒体上，让其消息在众多类似消息中脱颖而出，受到用户的关注。最后，xiaomingbot可以全天候24小时监测赛事热点，既不会漏题，也让记者有充分的精力应对关键比赛的详细深度报道。

2. 新闻更加全面。互联网平台上新闻报道的长尾效应十分突出，即由于受众基数巨大，即使小众用户，数量也十分可观。同时，互联网平台的新闻传播很好地满足了个性化新闻需求，也有利于用户黏性的增长。xiaomingbot最大的意义在于，可以任劳任怨地为每一场比赛报道，无论这场比赛多么冷门。

3. 着力对深度新闻的打造。媒体行业的激烈竞争，使得记者疲于应付千篇一律的消息，漏题现象时有发生。使用机器人写作，记者就能从疲于奔命的工作中解脱出来，对事件背后的新闻线索进行深入挖掘和批判性思考。从长远看来，可以让快新闻逐渐慢下来，赋予读者思考与品读的时间。

4. 文章更客观。机器人撰写的新闻不带有任何人类情感，文章的生成完全依赖于数据。比如，汇总赛事时，不会因为喜爱某支球队而厚此薄彼，会严格按照数据，客观地陈述事实。因此，在某种程度上，机器人新闻更接近新闻对客观性的要求。

5. 减少出错量。对于经济类和体育类的新闻，许多数字和数据需要整理汇总。记者在处理这些数字、图表时，常常会因为数据量大而忙中出错。但是，机器人凭借其超强的运算能力，可以处理海量数据，减少出现错误的概率。

Uber的实时定价

Uber（Uber Technologies，Inc.）中文译作"优步"，是一家美国硅谷的科技公司。数字化时代，Uber也不甘落后，使用人工智能手段，根据客户可能的支付意愿向他们收取费用。

2012年年初，Uber位于波士顿的研究组发现，每到周五夜里和周六凌晨1点左右，都会出现大量的"未满足需求"。导致这种现象的原因是，在这个时段，多数司机登出Uber系统，准备收工回家，而在聚会上"嗨"完的人也刚刚准备回家。这样，就出现了瞬间的供需不平衡，在最需要用车的时候却叫不到车，用户的抱怨与日俱增。

后来，他们制订了一个方案：在高峰期（午夜到次日凌晨3点）适当提高每次乘坐的单价，看看是否有司机响应。结果，仅用了两个星期的时间，他们就得到了不错的反馈；该时段的提价，使得出租车的供应量增加了70%~80%，满足了三分之二的"未满足需求"。

这一事件成功开启了Uber动态定价的先河，随后便被正式应用在任何高峰时段。动态定价的算法也十分智能，当用户等待时间有个比较陡峭的上升趋势时，便会触发该算法。

从核心上来讲，要想解决供求不平衡，要么增加供给，要么减少需求。所谓动态定价就是,在一定的市场环境中,为达到平衡点,供需双方做出的价格调整。

动态定价在日常生活中的使用非常广泛,且影响着每个人。举个很简单的例子,过年的时候,蔬菜价格普遍都会提高,原因就是供应减少、蔬菜价格上升,只是在互联网环境中,这种变动才会更快、更敏捷。

之所以要使用动态定价策略,就是因为任何一个方法或技术的产生,都是为了解决某个问题,都是为了从中选取最优方案。从 Uber 的角度来看,在高峰或异常天气的情况下,司机少,乘客打不到车,为了解决这个问题,可供 Uber 使用的解决办法有:

第一种情况,自由市场,置之不顾。市场完全自由,没有任何宏观调控时的样子,可是 Uber 是一家理性的公司,并不会这样做。

第二种情况,自己买车并雇用司机来应对。Uber 从一开始就定位于共享经济,一旦自己购买,就会出现一个 B2C 和 C2C 混合的经济体,这是 Uber 不愿意看到的。

第三种情况,与司机或其他交通运输部门签订协议,由第三方提供运力。这种情况与第二种情况类似,都会加重公司的负担,并与初始定位违背,最终也被否决。

第四种情况,是调度。使用一定的调度策略,驱使自己平台上的司机来应对,比如:

遇上高峰或打不到车的时候,通知打车人:"现在没车,请选择其他交通工具或继续等待。"可是,虽然这也是一种方案,但并没有解决问题，只是陈述了一个事实，且对自己的用户并没有负责任，基本可以不予采取。

遇上高峰或打不到车的时候，通知司机师傅："现在某某地有很多人要打车，赶紧过去拉人。去，我就奖励你；不去，我就惩罚你。"这是很多产品的选择，在威逼利诱下，有些用户依然会去。

遇上高峰或打不到车的时候，通知打车人："现在没车，你可以加点儿钱，或许就有人来拉你了。"

Uber的动态定价究竟特殊在哪里？区别就在于：Uber既不拥有任何一辆车，也无法强制任何一个司机服务。也就是说，Uber的"库存"可多可少。人们打车需求最强的时刻，正好也是司机驾车体验不愉悦甚至危险系数颇高的时刻，比如，早晚高峰、暴雨台风的季节。在这些情况下，缺少激励机制，上线服务的司机数（供应量）自然就会减少。因此，Uber定价的特殊之处，不在于它限制了需求，而在于它调动了供应。

在追求效率的理念上，Uber做的三件事情，令人耳目一新。

第一件，不设预约。预约用车是让效率变低的一种方式。假设用户预约司机11点送他去机场，司机从10点开始就必须考虑他接的单是否可以赶上11点准时到用户家。如果9点多跑了一趟西边的活儿，又恰好没有去东边的客人，还得空驶向东边到达用户家门口。因此，预约可能会牺牲掉司机的时间，提高空驶率。为了解决预约需求，Uber的理念是，在任何用户需要用车的时候，5分钟内都可以叫到一辆车。比如，伦敦、洛杉矶、旧金山等地区，每次叫车，车辆都可以在 3 分钟内到达，北京的平均到达时间控制到 5 分钟以内，免去了预约的苦恼。

第二件，根据供需调整价格。司机和乘客的互动就是一个博弈的过程，在 Uber 宣布降价的当天，叫车页面显示车辆紧张，价格上涨至 1.3 倍；第二天上涨至 1.8 倍。每个行程每个司机赚的钱，司机原来 10 分钟赚 10 元钱，突然间涨到 15、20、25 元，效率就会提高几倍，就可以降价。这是一个非常有趣的循环。降价之后，使用的乘客更多，司机接的单也会越来越多。如果将 Uber 的渗透比作一座金字塔，价格越低使用的人数越多，金字塔下面的用户基数也会越来越大。与出租车的价格差就是这样一个微妙的临界点，"滚雪球效应"就会发挥作用。

与出租车平台比起来，Uber 少了出租车司机需要上缴的份子钱，这部分钱可以让利给乘客。但是，价格下降到一定阶段，要想留住司机群体，司机就得有不少于出租车的收入。

降价平衡点的把控，异常微妙。乘客重要，还是司机重要，是商业上的一种持续不均衡状态的力量。任何一端用力过猛，都会出现崩溃；不采取行动，也会死去。为了谋求一种持续不均衡的状态，Uber 动态的算法总是在不停地调整上升与下降，如同海浪，一条曲线下降后，更高的海浪就会扑过来，这就是持续不均衡的推动力。

第三件，采用派单机制。抢单往往会在一个距离乘客较近的范围内让司机去抢，司机需要时刻处于一种紧张状态。而派单依然秉承效率优先的原则，永远都由距离乘客最近的司机去接单。

在"抢单"机制中，系统会告诉离乘客近的一批司机哪里有乘客，司机会根据乘客的位置来决定是否接单，乘客则要根据自己的喜好选择车型。这样，司机和乘客就能做出自己的"最优选择"。

在"派单"的过程中，算法会从全局作出最优选择，挑给乘客和司机的永远都是没有人情味儿的最优选择。但是，局部最优，却不一定能让全局最优。

传统经济学认为，人都是理性的，在信息不对称时，无论在何种情况下，都会做出"最大利己化"的选择；在 Uber 信息完全对称的打车环境下，该中心化的大脑可以看到每辆车、每个人的供需状态，效率最优。

此外，"抢单"的中心化思维还可以优化到补贴战中，需要将多余的车辆引向乘客密集的地方。但如果司机想开车去乘客多的地方，则要支付多余的油费和时间，这时系统就可以通过最少的补贴引导司机去乘客最密集的地方。如此，平台、司机和乘客等的效率都是最优的，成本都是最低的。

Uber 之所以能把价格降下来，就是因为其理念创新。有人觉得，理念是高品质的服务；有人认为，理念是效率和降价。Uber 公司的理念就是，用共享经济去提高效率，继而带来价格的下降，让共享思潮成为普通人可以真切体会到的便利，像风暴一样迅速弥漫。

AI风暴——人工智能的商业运用

本章小结

在腾讯开放初期，马化腾反复强调，开放是一种能力，而不是一种姿态。开放的能力，包含一个产业链条的建设，比如，前期用户抵达、中期信息扩散、后续投资、底层技术储备等。

vearch 是一个分布式向量搜索系统，可以用来存储、计算海量的特征向量，为 AI 领域的向量检索提供基础系统支撑与保障。该系统能够完整地解决海量特征的存储与计算，为文本、图像、音视频检索等应用提供统一的基础设施。

人工智能技术已经广泛应用于美团的众多业务，从美团 App 到大众点评 App，从外卖到打车出行，从旅游到婚庆亲子，美团将 AI 技术应用于搜索、推荐、广告、风控、智能调度、语音识别、机器人、无人配送等多个领域，帮助数以亿计的消费者和数百万商户改善服务和体验。

百度中文纠错不仅需要支持多种类型的错误识别，需要支持不同模态的输入数据，还需要提供快速的场景迁移和深度定制能力。

基于自己优秀的智能语音和语言技术，科大讯飞推出了以语音转文字为核心功能的系列产品和服务——"讯飞听见"，解决了企事业单位日常会议、大型发布会、课程培训、媒体节目制作等各场景下的音频转写问题，各行业的人都可以轻松应对速记费用昂贵、整理录音复杂、查找重点困难、角色辨认模糊、录音质量低劣等录音机整理问题。

写稿机器人xiaomingbot不仅可对核心数据进行梳理，还能够根据算法在第一时间自动生成稿件，瞬时输出分析和研判。每天可以完成百篇稿件，在数量上"完胜"单兵作战的记者。之后，通过数据库对接、信息搜集、文本生成、润色完成报道，发布、推送到手机客户端。

Uber公司的理念就是，用共享经济去提高效率，继而带来价格的下降，让共享思潮成为普通人可以真切体会到的便利，像风暴一样迅速弥漫。

AI风暴——人工智能的商业运用

第六章　智能城市：未来感，就在指尖

大咖谈AI：

"我们这个时代，最重要的通用型技术正是人工智能，特别是机器学习。"

——斯坦福大学经济学教授　埃里克·布林约尔松（Erik Brynjolfsson）

借助人工智能，应对市民诉求、案件办理时，工作人员只要动动手指，就能解决问题。搭载于互联网，借助大数据、云计算等对城市管理进行全程即时分析，就能以最快速度让城市治理直达"病根"，让城市更智慧、群众更便利。从数字化到智能化再到智慧化，城市也会变得更智慧，继而推动城市治理体系和治理能力现代化。

新一代信息技术改变了人们交互的方式，提高了实时信息处理能力及感应与响应速度，必然能增强业务弹性和连续性，为百姓提供更加舒适、便利、可持续的生活方式，打造贴心舒适的美好生活体验，促进城市的和谐发展。

合理规划城市

步入 21 世纪，经济、人口和社会问题日益凸显，环境问题加剧，现有的发展模式和规划理念愈加显得捉襟见肘。随着人工智能发展进入第三波发展浪潮，新一代人工智能开始探索融入生活并向各行各业"赋能"，城市发展迎来前所未有的机遇。"人工智能 + 城市规划"既是现实发展的需求，也是面向未来的进步。

人工智能在城市规划领域的应用，并不是什么新生事物，其在城市规划领域的应用也大致可以划分为以下三个阶段。

第一阶段：关注海外（20 世纪 50 至 70 年代）

这一阶段的显著标志是计算机的引入。

20 世纪 50 至 60 年代，借助高性能计算机的支撑，传统城市模型获得新生，大尺度城市模型应用在欧美国家兴起，涌现出一系列现代模型分析方法，改善了传统的城市规划方法。受限于当时的技术条件，这些应用并不成功，既无法有效解决问题，也没能引导理论发展，在 20 世纪 70 年代突然衰落。

在这个阶段，还没有找到明显的应用人工智能的身影，但计算机的普及使用及其对量化思维的推动，都为后续的发展奠定了基础。同期，中国的发展明显滞后，以关注和学习国外同行为主，计算机还没有进入规划行业。

那时候，国内唯一能检索到的相关研究论文是清华大学李康于1978年发表的《关于数学方法和电子计算机在城市规划中的应用》。在这篇文章中，提出了城市规划的"经济—数学"模型，依据控制论的理论和方法，构建了一套动态体系的规划理论基础。

第二阶段：内生探索（20世纪80年代至21世纪初）

这一阶段的显著标志是人工智能的引入。

当时，CA模型（元胞自动机，Cellular Automata）等被正式运用于规划领域，成为一种强大的建模与系统模拟工具，用于预测、分析和评价大都市地区的演化与发展。

这一时期，中国对应用新技术的探索日益增多，定量化与模型化之风盛行，成立了城市规划新技术应用学术委员会。当时，已经出现了很多研究支持人工智能的人，认为人工智能有助于建构数据导向理论，能给规划决策提供更好的信息支持。

陈顺清是以人工智能为题撰文的第一人。他系统地梳理了中国自1984年起陆续开展的人工智能与计算机辅助设计的结合探索，包括智能CAD、专家支持系统EDSS、辅助决策系统XPlanner和智能地理信息系统KGIS等，提出了合理选择人工智能的适用范围，呼吁建立规划基础数据库，把人工智能基础研究与规划问题结合起来。

总之，该阶段人工智能可发挥的作用还很小，计算机辅助规划的前沿性革命还没有发生。

第三阶段：跨界转型（2010年前后至今）

这一阶段的显著特征是跨行业数据交流和跨领域机构合作。

2010年前后，随着ICT技术的兴起、传播手段的刷新及内忧外患的刺激，规划行业受到巨大冲击和广泛影响，自下而上的互联网改良和自上而下的新技术改革陆续出现。

首先，开辟了"互联网上的规划圈"，交流更便捷、成本更低廉，加速了思想解放与互助成长，涌现出一批学术网络和青年规划师，推动了跨行业的数据交流和新一轮的规划定量研究，产生了深远影响。

其次，自2014年开始，规划院（所）主动开展起自上而下的新技术改革，呈现新媒体化、机构重构、云平台化和跨界合作等鲜明特征；近年来，与大型IT企业实现了跨界合作，合作领域不断深入，借助企业巨大的资源和能力，提高了规划行业数字化及智能化的程度。

技术驱动创新是无法阻挡的大趋势，人工智能是关乎规划行业生存发展的重要因素。在《新一代人工智能发展规划》中，对规划行业提出了明确要求：实现多元异构的数据融合，实现全面感知和深度认知，推进全生命周期智能化的城市规划。

为了应对这一趋势，规划师解放思想，主动行动，携手开启规划行业的全新时代。

智慧城市发展是一个复杂的系统性工程，涵盖政务服务、城市管理、民生服务、产业发展等各领域。在新型城镇化快速发展的当下，人们对智慧交通、智慧物流、智慧社区等需求日益提高,各行各业也加速了数字化转型。在各领域数字化的转型过程中,城市级海量数据出现,人工智能被广泛应用,实现了海量数据的智能化处理。

搭上新一代人工智能的顺风车,城市规划的转型发展必然会遭遇以下三大机遇,如表6-1所示。

表6-1 人工智能给城市规划转型带来的机遇

机遇	说明
实现计算智能	未来,城市规划必然会从精确需求到模糊应对,赋能规划行业数据驱动。规划领域应用人工智能虽然不一定会另起炉灶,但会基于现有基础实现重混,摒弃单一决定论,从宏观趋势推导可能,初步建立科学性。
提升感知智能	未来,城市规划会从抽样到全样用户思维,丢掉套路,回归智力服务。借助人工智能,提高洞察和市场适应能力,重拾为人民服务的行业价值,充实规划的理论与方法。
走向认知智能	未来,城市规划会从因果到智能关联驱动,再造规划的流程和逻辑。人工智能具备一定能力后,必然会带来传统行业的颠覆式变革。

目前,人工智能还处于不断的进化中,规划行业也力量有限,其未来的发展,必然会统筹推进,量力而行,趋利避害和善借外力。如今,很多规划院(所)已经陆续设立了新的创新部门和培养人才,搭建了公众参与平台、可视化平台和大数据平台,努力与互联网企业合并成立联合实验室……所有的一切都在朝着良性的方向发展。

增强城市公共安防管理

近年来，在网络、数据、计算、芯片、算法等技术的助推下，随着物联网、大数据分析、人工智能等技术和应用的不断成熟，尤其是计算机视觉、视频结构化分析、视频图像、深度学习等技术的引入，城市公共安防智慧化水平不断提升，"AI+ 安防"正成为安防行业发展的热点和共识。

如今，以机器视觉、深度学习技术为基础的人工智能已经广泛应用于治安管控、交通管理、刑侦破案等业务场景中，即使没有人为干预，计算机也可以对摄像机拍摄的内容进行自动分析，包括目标检测、目标分割提取、目标识别、目标标注、目标跟踪等；还能对监测场景中的目标行为进行理解并描述，得出符合实际意义的解释，比如车辆逆行、开车打电话、人群集聚、包裹遗留等，极大地提升了视频监控数据的价值和使用率。

安防行业数据信息量大、数据层次丰富，也已进入数据大爆炸的时代。面对井喷式增长的视频监控数据量，停留在浅层次分析识别的传统智能算法，已经无法满足深层次数据价值挖掘的需求。随着人工智能在安防行业的落地水到渠成并日渐深入，人工智能已广泛应用于公安系统的身份甄别、合成追逃、侦查破案、服务民生等各业务。

2016年AI与大数据应用在安防行业开始试水。到了2017年，AI在安防行业的应用呈现出百花齐放、百家争鸣的局势，越来越多的AI创业企业出现在了安防行业，AI在安防行业中全面"爆发"。

最直观的例子就是人脸识别。

这项通用性技术与安防结合在一起，可以解决安防的痛点。比如，一个城市有20万个摄像头，仅靠人力，根本看不过来。运用人工智能，就能对各类信息进行粗加工，包括压缩视频、检测核心事件、分析拥堵情况、对信息进行有效组合等。人工智能的优势还在于，能够拓展人的能力边界，比如，分析20万个摄像头读取到的信息，形成精准的分析报告，帮助人们决策；通过人工智能算法，在视频采集时把最关键的画面，包括人的面孔、车辆的牌照等精确捕捉下来，将这些画面在第一时间传送到后端的智能分析系统，不用太多的人工干预，分析又快又准。

按照应用场景，人工智能在安防行业的应用主要分为卡口场景和非卡口场景。卡口场景主要分为人脸／人员卡口和车辆卡口，摄像机的采集位置、光线、角度等条件可控。非卡口场景指的是普通治安监控场景，对摄像机安装位置和角度以及采集光线等不做严格要求。卡口场景监控约占视频监控摄像机总量的1%~3%，剩下的都是非卡口场景监控视频。

从一定意义上来说，安防是人工智能最具市场前景的领域。视频监控的高清化和网络化，以及大体量数据，为人工智能提供了坚实的基础。

安防是城市所有公共场所的入口，作为人工智能落地最早、进展最快的火车头,"AI+安防"的场景范围已经成功延伸到校园、交通、医院、园区、零售商店……使用人脸识别技术,率先打开了智慧城市的大门。

目前,新兴技术在安防领域的应用脚步依然没有停止。5G、VR/AR等新兴网络和显示技术正在进一步推动安防领域网络管理和业务的变革,实现产业的升级。例如,5G时代,网络连接速度更快,各大城市的社区安防设备就能被成功连接起来。随着云技术和网络虚拟化技术的发展,智能安防问题也能得到解决。

此外,在人工智能时代,越来越多的芯片厂商开始布局边缘计算,尤其是在安防场景中,云端AI芯片根本就无法满足客户需求,优秀的边缘计算产品与方案更有利于行业客户。

现阶段,与安防相关的AI技术精准度还没有到达天花板,基于安防场景的不断变化,其对算法迭代的要求定然会逐渐上升。在这个市场中,谁能看到算法精度提升解锁的更多场景,并根据场景的变化快速且精准地作出反应,谁就能在未来的竞争中走得更远。

人工智能在公共安防领域的应用主要包括:

1. 公安行业的应用。人工智能在视频内容的特征提取、内容理解方面有着天然的优势,可以实时对视频内容进行分析,对运动对象进行检测、识别人、车属性信息,并通过网络传递到后端人工智能的中心数据库。之后,再利用强大的计算能力及智能分析能力,人工智能就能对犯罪嫌疑人的信息进行实时分析,给出线索,将犯罪嫌疑人的轨迹锁定时间变短,促进案件的及时侦破。

2. 交通行业的应用。利用人工智能技术，可以实时分析城市交通流量，调整红绿灯间隔，缩短车辆等待时间，提升城市道路的通行效率。城市级的人工智能大脑，能够实时掌握道路上通行车辆的轨迹信息、停车场的车辆信息、小区的停车信息等，提前半个小时预测交通流量变化和停车位数量变化，合理调配资源、疏导交通，提高整个城市的运行效率。

3. 智能楼宇的应用。人工智能是建筑的大脑，控制着建筑的安防，可以对出入大厦的人、车、物等进行跟踪定位，区分办公人员与外来人员，对大楼的能源消耗进行有效监控，提高大厦的运行效率。智能楼宇的人工智能核心，可以将整个楼宇的监控信息、刷卡记录等汇总到一起，实时比对通行卡信息及刷卡人脸部信息，检测出盗刷卡行为；区分工作人员在大楼中的行动轨迹和逗留时间，发现违规探访行为，提高核心区域的安全性。

4. 工厂园区的应用。在工厂园区场所，出入口和周界一般都会部署安防摄像机，但内部总会存在一定的死角，利用可移动巡线机器人，定期进行巡逻，读取仪表数值，分析潜在风险，就能保证全封闭无人工厂的可靠运行。

5. 民用安防的应用。以家庭安防为例，只要检测到家中没人，家庭安防摄像机就能自动进入布防模式；发现了异常情况，就能给闯入者提出声音警告，并远程通知业主；当业主回家后，又能自动撤防，保护用户隐私。

"人工智能+安防行业"未来的发展趋势主要体现在以下两点：

1. 边缘智能成为大势所趋。万物互联时代，计算机视觉领域前端设备产生的图片、视频数据量巨大，将所有的信息都汇聚到云计算数据中心进行智能分析，会给通信的带宽要求和实时性要求等带来无限压力。因此，要就近提供边缘智能服务，将人工智能算力或推断能力逐渐从云迁移到边缘侧。以海康威视为例，其"AICloud"（人工智能云）框架就通过云边融合的方式，将智能前置到摄像机，让感知理解更精准、数据分级更灵活、业务响应更灵敏。

2. 人脸识别在生物识别领域逐渐成为主流。在生物识别领域，指纹识别仍占主导地位，但指纹易磨损、伪造成本低，在长期稳定性和安全性上存在问题；虹膜识别虽然安全性最高，但成本高昂，使其无法在短期内进行大规模推广。人脸识别是非接触性的、非强制性的、高并发性的，应用场景更加丰富。

智慧社区建设

随着人口的激增和城市化进程的不断加快，城市规模和城市人口快速增长，城市管理遇到了前所未有的挑战。

城市的不断扩容，让城市在住房、就业、教育、医疗、养老、治安等各方面都遭遇了巨大的压力，要想应对这个问题，就要建立一个高效运转的城市管理体系。智慧城市应运而生。

AI时代，智慧社区产品应用更丰富，市场前景更广阔，各路玩家纷纷入局。

城市由无数个社区组成，社区是城市的"细胞单元"，智慧社区自然也就成了智慧城市建设的基础。近年，随着AI技术的不断发展，AI在智慧社区的落地应用不断加速，AI以其丰富的应用场景，极大地丰富了智慧社区的内涵，掀开了智慧社区建设的新篇章。

从人文角度看，智慧社区由智能小区、医疗卫生、派出所、城管、社区居委会等社会单位构成，涉及居民、政务、治安、党建、党群、医疗、市政等诸多方面。

从技术角度看，智慧社区是指充分利用大数据、人工智能、物联网、云计算、移动互联网等新技术的集成应用，可以为社区居民提供一个安全、舒适、便利的智能化生活环境，形成动态的管理社区。

2012年，"智慧社区"最早被提出；2015年，"智慧社区"首次被纳入政府工作报告。其充分利用人工智能、物联网、互联网等技术，着力打造满足居民智慧生活的小区，其主要智能化硬件包括：视频监控、门禁出入管理、防盗报警、智能门锁、可视对讲、消防报警、智能巡更、智能梯控等。

随着智慧城市的发展，社区智慧化建设已成大势所趋。概括起来，我国智慧社区的建设和发展，基本上经历了四个阶段：单模块应用、封闭式管理的"1.0模式时代"，打通数据融合的"2.0时代"，进入社区信息惠民普及的"3.0时代"，AI全面加持的"4.0时代"。

移动互联网时代，传统的物业管理方式已经无法适应和满足居民家庭和个人的智能化需求，需要在物业和住户甚至商家之间打破实体壁垒，建立起有效的网络沟通渠道。

通过平台，业主就能得到基础物业、家政医疗等一站式服务，物业企业可以提高管理品质和效率，第三方优质服务商也可以获取高频流量，提升综合收益，共建智慧社区，共享智慧物业红利。

智慧社区4.0时代，最需要打通两个难点：一是打通包括家电产品、安防产品、家具产品、家居产品等全品类的智慧家居整合应用，打通不同的智慧家居解决方案之间的技术控制壁垒，真正以用户为中心，实现无缝衔接；二是通过智慧物联，打通智慧小区与智慧社区的"最后一公里"，把智慧小区全面融入智慧社区体系，全面提升物业管理和服务水平。

AI时代，智慧社区的产品品类更加丰富，涉及的领域更加广泛，市场发展前景也更加广阔。目前，智慧社区建设的模式可以分为三种，如表6-2所示。

表6-2 智慧社区的模式

建设模型	说明
从政府管理切入	随着城市的发展，不够完善的监管体制同居民对于各类生活服务迅速增长的需求不匹配，政府服务型职能的转变，缺乏同群众交流沟通的渠道。以政府管理为切入口，就是打通各部门的条线管理，实现横向连接，为老百姓提供便利；着力于社区综合信息服务平台的建造，就能构建社区应用专题数据库，实现以地理空间信息为载体的深度信息资源融合。此外，还能提高社区自治和服务能力。例如，公开政务信息、工作动态，发布社区活动、便民信息，开通维权窗口等，建立全面、系统、便捷的信息化服务体系。社区居民可以提前在网上了解办事指南，提前预约办事

续表

建设模型	说明
从社区商业入手	这一模式主要着力于为居民提供生活便利，是一种"自下而上"的智慧社区建设模式，诞生了许多为社区生活提供各项服务的社区O2O平台，立足本地、立足生活，为周边提供大众生活消费服务。从社区入手，以物联网、云计算等技术为实现手段，搭建统一的平台智慧社区服务系统，整合社区资源，为个人提供生活区域周边的生活服务、餐饮、购物、休闲娱乐等商户信息，促进小区公共服务管理等信息化应用，实现足不出户的小区通知、购买商品、家政服务等，帮助用户实现就近消费和精准消费。
从物业管理入手	物业，是最贴近消费者的社区主要运营商，已经卷入智慧社区竞争行列，实现了传统物业服务业向社区消费主导的新型服务业的转变。在"互联网+"的基础上，打造的全方位智能物业服务平台，以业主为中心，满足了社区居民的生活服务所需。不仅满足了传统收费功能，建立了安防系统、客服中心、信息发布、周边商家合作平台等，还实现了自助缴费和查询、线上物业报修、投诉建议等信息的实时反馈和交流，提供了邻里互助、二手交易、生活分享、房屋租赁等信息，丰富了业主的业余生活，真正将"群众跑腿"变成了"信息跑路"。

智慧社区中的以下典型应用场景由 AI 促进以提供对用户的安全服务。

1. 安全守护。运用人工智能，完全可以依托网络管理平台，构建智能门禁系统、车辆门禁管理系统、视频联网、人脸识别和云服务，实现互联互通、信息资源共享、标准化和统一化。构建了这些系统后，业主还可以通过刷卡、二维码和应用程序遥控等方式开门，方便业主出入。此外，利用信息技术，还能进行视频联网，实现对公安、物业、业主的可视化管控；在社区和重点监控区出入口进行黑白表单识别、预警和关键报警，出入社区人员会更安全、更方便，保障人民群众和财产安全。

2. 智能安防。有的传统社区盗窃案经常发生，对居民的安全构成威胁。AI 视频控防设备具备更强大的视频处理和分析功能，可以为用户提供更先进的视频分析处理功能，提高视频控防系统的能力和效率，降低监控系统的成本，实现视频资源作用的最大化。将 AI 运用于视频控防，只要直接进入数据库给保安、物业人员发送报警信息，后端服务器和网络摄像机视频等就能进行视频分析，并传送到屏幕上，降低数据传输的量，降低后备存储器的负担。

3. 访客来访。传统的社区，一般都具有这样几个特点：使用传统的磁卡，不方便携带；使用密码锁，不安全；访客来访，下楼接，太麻烦。随着新一代信息技术的发展，运用人脸识别、车牌识别等人工智能技术，访客就能通过住房验证码，进行远程访问。例如，通过 1 号社区 App 上的访客通行码，发送验证码，访客就能通过验证码或远程视频开门。

4. 智慧养老。5G 时代，智能家居发展非常迅速，出现了智能门锁、智能电视、智能手镯、可穿戴智能设备等。比如，智能手镯，如果老人遇到了急事，完全可以一键报警，物业人员还可以联动监控和现场图像监控，第一时间赶到现场实施救助。

本章小结

随着人工智能发展进入第三波发展浪潮,新一代人工智能开始探索融入生活并向各行各业"赋能",城市发展迎来前所未有的机遇。"人工智能+城市规划"既是现实发展的需求,也是面向未来的进步。

安防行业数据信息量大、数据层次丰富,也已进入数据大爆炸的时代。面对井喷式增长的视频监控数据量,停留在浅层次分析识别的传统智能算法,已经无法满足深层次数据价值挖掘的需求。随着人工智能在安防行业的落地水到渠成并日渐深入,已广泛应用于公安系统的身份甄别、合成追逃、侦查破案、服务民生等各业务。

移动互联网时代,传统的物业管理方式已经无法适应和满足居民家庭和个人的智能化需求。通过平台,业主就能得到基础物业、家政医疗等一站式服务,物业企业可以提高管理品质和效率,第三方优质服务商也可以获取高频流量、提升综合收益,共建智慧社区,共享智慧物业红利。

第七章 智能教育：因材施教，培养新型人才

大咖谈 AI：

"人工智能永远不可能超越人类的能力，但当它逐步逼近人类能力时，已经可以一个行业一个行业地去颠覆。"

——百度公司 CEO　李彦宏

人工智能快速且深刻地改变了我们的学习方式、教学方式、思维方式，包括解决问题的方式，人工智能已经从多个层面对教育提出了深层挑战。

人工智能的发展，为我们带来了极度丰富的教育资源、空前强大的教育力量和飞速提升的教育效率，教师能够腾出更多的时间和精力创新教育内容、改革教学方法。同时，还能为学生提供个性化、定制化的学习内容和方法，激发学生深层次的学习欲望。

AI老师上线：高效、个性

众所周知，老师成本一直是在线教育的一项重要支出，也是影响在线教育企业盈利的重要因素。为了降低老师的成本，企业想了各种办法，使用 AI 老师代替真人老师就是其中之一。

在线教育市场容量巨大，抗周期能力极强，教育与科技的结合为教学提供了更多可能。如今，在线教育行业已经涌现出众多玩家，为了引入更多的资本，他们各施本领，最终成功地将 AI 老师上线。

案例1：

2018 年，北京市教委利用大数据互联网技术研发出一款师生网络学习在线平台——"双师在线"。该平台在通州试点运行时，受到了很多学生的欢迎。

通过网络，该辅导平台可以辅导学生进行课后作业，学生只要在电脑、手机等上下载客户端，就能在线答题和测评，并自主选择辅导名师，有针对性地进行学业和学情诊断，为学生提出个性化的学习建议。学生不仅能通过技术与名师实现一对一辅导，还能在答疑的过程中，了解老师给出的学习方法和解题思路等方面的建议。

在教学和课后辅导中，面对学生的互动和生成性的问题，教师根据自身经验和社会情感关系,就能进行个性化反馈,并在互动交流中逐步引导学生对问题加深认识,开展个性化辅导,培养学生的创造力。教师不仅能为学生提供正确的学习方法和思路,还能将自己的教学经验、主观感悟和理解等传授给学生。

如今,智能教育正逐渐从教学辅助类应用过渡到通过"系统化、智能化教学评价与分析,从而推动提高学生学业表现与老师核心能力"的价值创造阶段。事实证明,运用AI老师,确实能根据学生特点,为学生提供个性化的服务,提高教育质量。

2020年,全球新冠肺炎疫情暴发,人们无法正常出门,多数人都"宅"在家中上网,用户使用网络的时长逐步上升。对于学生群体来说更是如此,除了游戏娱乐,就连学习课堂也挪到了线上。对于教育机构来说,网课确实为AI创造了更多能够发挥的空间。

互联网教育出现后,不同地区的学生也能享受到同等水平的教育,借助AI技术,线上教育也具备更多的优势。新兴的人工智能教育不仅涵盖上述内容,还实现了人机对话、双师课堂、语音评估、智能语言处理应用、图片搜索等功能。

案例2:

2020年5月,微软、网易有道词典、科大讯飞等接连上线了基于移动端的智能作文批改功能。用户只要拿着手机拍照或手动输入一篇英语作文,AI老师就能找出其中的拼写、语法、时态、语态、短语搭配等错误；同时，还能根据不同学段的标准，给出恰当的评语和评分。据说，部分 AI 老师的专业度简直可以跟高考阅卷老师相媲美。

网易有道的 AI 老师将产品功能内嵌在网易有道词典中，注重实用性和应用落地。跟传统的教育企业比起来，网易有道的场景优势不太明显，但积累了大量用户，有着比较扎实的数据支撑，产品主要的功能实现基于评分模块、评语模块、纠错模块三个核心模块。

根据这三大核心模块可知，批改原理类似于翻译，可以将语法错误的句子翻译成语法正确的句子。为了提高模型能力，网易有道使用了迁移学习和对抗学习技术，让真实语料和海量伪语料，能够在不断的学习中实现模型优化。

通常，要想培养一名优秀的老师，可能需要花费几年甚至十几年的时间，但是借用人工智能，却能通过数据复制成千上万名优秀老师的教学经验，即使无法完全替代老师的作用，但靠着教学经验丰富的"辅导老师"，也能为学生提供帮助。尤其在一些教学资源相对匮乏的地区，通过"AI+线上授课"的模式，更多的学生享受到了更加优质的教学，改善了教育的公平性。

案例 3：

松鼠 AI 上线了"智适应学习"系统，为每个学生打造了一位 AI 老师，可以对学生的知识进行状态诊断，为他们提供个性化的学习内容，并对学生的学习数据进行实时监控和跟踪，继而调整学生的个性化学习方案，然后再根据学生的学习目标和能力水平，为他们推送最佳的学习内容，让学生获得真正适合自己的学习体验，提高学习效率。在整个过程中，真人老师只要进行一下监督即可，不用授课。

在教育环境里，最核心的环节就是教学，AI赋能教学环节也就成为非常重要的一项能力。整个教学过程一共分为教、学、练和测等几个步骤，该系统很好地覆盖了所有的步骤。

首先，系统会进行类似摸底考试的测试，对学生的整体情况进行诊断，发现学生在学习上存在的薄弱项。

其次，系统会给出一份报告，并为每个学生制订出一套个性化的学习方案。这套学习方案是动态的，会根据学生对知识点的掌握情况进行适当调整，比如，学生进步较快，知识点的学习难度等也相应提高。在学习内容方面，系统本身做到了"千人千面"，会根据学生的学习进度，为学生推荐课程，安排学习路径。

人工智能时代的教育，老师的责任不再是教授知识，而是帮助学生成长，成为学生成长的人生导师或心理咨询师，帮助学生发现自己的优点，实现人生价值。老师的工作会更以"育人"为重，相应地，就要从知识的传授转向人文底蕴、责任担当、国家认同、跨文化交往等核心素养的培养。

要想促进学习计划的定制，为学生提供个性化的学习服务，就要收集更多的学生学习数据作为支撑,制定更详细的内容分层,合理安排课堂。教育是一项长期的工作,并不能一蹴而就,AI老师更是如此。虽然AI不可能在一夜之间颠覆整个教育行业,但确实能促进教育成本的降低,并以较低的价格为部分人群提供丰富和优质的教育资源与产品。

智能语音系统:提高英语教学效果

虽然我国的英语教学水平已经取得了不小的进步,但学生的英语水平普遍存在以下问题:

了解一些语法规则,但应用能力差,听写、口语、写作和翻译等都经常会出现明显的低级语法错误;

掌握了一定的英语词汇量,但只知道常见的一两个词义,且是汉语释义,勉强能看懂简单的英文读物,阅读速度慢;

听说水平低,英文写作只懂得词对词的硬翻,无法准确表达出来……

按照常理来说,英语是我国讲授、学习和使用最广的外语,多数学生进入大学前已经学了十多年的英语,但高考英语成绩多半都不高。如何解决这个问题呢?

随着智能语音统计的发展,语音技术在语音合成、语音识别、发音逆分析等关键领域获得了长足进步,运用语音技术,完全可以解决口语学习中的痛点问题。

案例：

为了进一步促进"提质培优"工作，探索"课堂革命"新思路，有效改善学校的教育教学教学质量，2021年5月10日，辽宁金融职业学院英语教研室全体教师参加了AI语音系统教学实践培训会，主要涉及：软件安装、班级管理、英语口语资料库的建立、英语口语评分机制等。

将人工智能语音训练系统引入大学英语课堂，教师的教科研能力就能得到有效提高，学生则可以随时练习英语口语，提高自身的综合能力。AI语音系统的应用，可以营造出全天候的英语口语学习氛围，帮助大学英语课堂革命教学改革的深入进行。

如今，智能语音系统已经深入到生活的方方面面，但是智能系统的发展依然处于萌芽期，超过千亿的服务市场需要智能语音系统的介入。而将智能语音系统融入英语教学，确实能提高教学质量。

智能批改作业：节省老师时间

随着经济与科技的发展，人们的时间越来越宝贵，而在教育事业上花费的时间却是必不可少的，同时也在无形中加大了老师的压力，尤其是对学生的作业进行批改并对完成作业情况进行统计，则成了一件非常耗时耗力的事。如何解决这个问题？这就要将智能批改作业充分利用起来。

智能批改作业，不仅能够帮助老师从繁重的手工批改中解放出来，腾出时间和精力，帮助学生精准定位薄弱知识点，用于专项针对性和个性化教学，还能将老师和学生从题海战术中解放出来，即使是大题量的练习，借助试题库的强大支撑，也能让试题更有针对性，节省不少出题的时间精力，从而让老师将更多的精力集中在为学生提供个性化辅导上，加强孩子与老师之间的互动。

智能批改作业，在帮助老师批改作业、问题答疑等方面体现了数据化、自动化、智能化等特性，极大地方便了教育教学。

案例：

2018年中国语言智能中心研发出一款IN课堂——作文智能批改系统，在首届中国智能教育大会上正式亮相。

利用这款智能教育产品，只要通过"上传—批改—评价"等三个步骤，2秒内人工智能助手就能针对提交的作文给出精细的批改和评价，实现对中英文和作文的实时批改和点评。

该产品的主要优势包括：可以通过在线门户访问人工智能，使用不断发展的"知识库"来解释学生作文的"一般逻辑"和"含义"，突出需要改进的文体、结构和主题领域。可以读懂中文和英文，还能注意到段落偏离主题。可以进行自我改进……该系统批改得十分细致，可以减轻教师80%的重复性工作。

通过智能批改系统，学生及时能得到反馈，有效提高学习成绩；教师给出的评价也就有了数据的支撑，还能省掉许多重复性工作，把主要精力放到更重要的工作中去。

利用人工智能，教育者就能收集到孩子的学习痕迹，比如，有的孩子做运算类型的题时容易出错，或某种运算做得特别好，或认为某个运算法则特别困难等。老师就能参考这些信息，查找原因，对自己的教学进行反思和改进。

数据显示，大约6万所院校里，每4所学校中就有1所正在悄然测试一种机器学习动力系统，这些学校分布在各地，四川、山东、安徽、北京……目前，有些学生已经开始使用人工智能批改作业，人工智能可以自动为学生的作业评分，甚至在适当的时候提供建议；还能通过各种在线门户访问人工智能，用自己的"知识库"来为学生讲解作文，突出需要改进的文体、结构和主题领域。

总之，对于一个学生，老师可以基于数据改进学习，对他们做出精准的帮助与指导；对于一个班级，可以基于数据，对老师的教学行为进行分析，改进老师的教学；对于一所学校，可以基于数据，对学科教学情况进行分析，分析不同教学风格老师的教学效果，改进教学管理；对于一个区域，基于大数据，就能为教育行政部门的决策提供依据。

智能分析技术：个性化学习，做到因材施教

每个人，无论是孩子还是成年人，都有独特的思维特点和学习方式。比如，有的人喜欢听别人讲述或者和其他人讨论，而有的人则更喜欢自己默默地读书；有的人喜欢用逻辑和数字来解释现象，而有的人则可能习惯用文字和故事来阐释。使用适合自己的方式学习，不仅能提高效率，还会使学习者保持长时间的兴趣。每个人学习知识和技能的节奏都不同，一旦打破了自然节奏，学习就会变得枯燥无味。

传统的教育体系核心是通过整齐划一的教学流程批量化地生产人才，教学内容和形式根本就做不到完全个性化。传统的"标准化教学"重共性轻个性，老师无法照顾到每个人的兴趣和偏好差异。学生不能充分了解自己、认识自己，即使在课堂外，借助互联网和信息化应用的支持，大量搜索答题思路或观看网课，也无法有效获得适宜的学习内容和学习策略指导。

大数据时代，教育从"用经验说话"到"用数据驱动"，推动学生的个性化学习向更好的方向发展。近几年来，一些创业公司开发出了基于人工智能的自适应学习系统，为学校和老师提供个性化的教学，帮助孩子提高学习效率，激发学习兴趣。

案例1：

2017年9月"U校园智慧教学云平台"（简称"U校园"）正式上线。运用U校园综合运用信息技术，可以有效解决教学实际问题。

"U校园"是Unipus与北京师范大学教育技术团队合作的学习分析项目，基于学习建模发展人工智能，已经取得了阶段性成果，目前可以在以下三个方面帮助院校进行学情监测和教学干预，提升教学的精准度和个性化。

首先，基于U校园学习数据建立的学习者模型，可以对学习者的特征进行刻画和分析，为不同的参与对象（管理者、教师、学生）提供可视化学情报告，分析能力差异与学习差异背后的原因，使学生进一步了解自己，让教师更客观精准地评价学生，让管理者更科学地管理教与学，实现教学的有的放矢，提升教学质量。

其次，利用U校园学习分析模型，院校就能根据学生的日常学习，对大规模水平考试成绩进行预测，帮助院校有针对性地开展备考辅导和教学。

最后，对各学校教学大数据的收集，能总结出不同学校对不同类型学生进行教学的方法和模式，其他院校就能联系自身实际，有针对性地选择行之有效的教学方式，提高教学效果。

人工智能将教学变为大数据分析，借助人工智能辅助，还能进行以学生为中心的个性化学习，为每个学生提供个性化、定制化的学习内容、方法，激发出学生深层次的学习欲望。同样，在教育资源的均衡化方面，人工智能还能有效地解决过去远程教学中师生不能进行有效互动和教师不了解学情的问题。

案例2：

2018年5月15日，杭十一中承办了"未来智慧校园的探索与实践"研讨活动，出现了一双神奇的"慧眼"，这就是由该校联合海康威视研发的全国首个智慧课堂行为管理系统，所谓的"慧眼"就是它的3个组合摄像头。通过摄像头，就能捕捉学生的面部表情和动作，实现无感刷脸考勤；可以对课堂上学生的行为、表情等进行统计，并对学生的异常行为进行反馈。

老师喊"上课起立"时，"慧眼"就会"刷"遍学生的脸，几秒钟完成点名。之后，老师让学生作出听课、开小差等不同状态和不同表情。这时候，在统计数据的大屏幕上，就能立刻显示出认真听课和开小差同学的数量。在"全校表情数据"一栏，会记录中性、高兴、难过、反感、惊讶等7种情绪的出现数量。如果某个学生的不专注行为达到一定值，系统就会向显示屏上推送提醒，任课老师就能对学生进行教育管理。自从教室装了慧眼，学生上课都不敢开小差了。

大班授课制下课堂管理通常都是凭感觉，不太精准，借助这套管理系统，就能提高教育的针对性和课堂教学效果。不过，该系统只采集学生的行为状态信息，不会进行课堂录像。例如，认真听课的为A，趴下睡觉的是B，系统只会统计这些符号信息。

个性化学习就是通过收集和分析学生的学习数据，用人工智能勾勒出每个学生的学习方式和特点，然后自动调整教学内容、方式和节奏，使每个学生都能得到最适合自己的教育。

1. 采集并分析学生学业数据。

个性化学习的前提，是对学生学习数据的有效采集和处理，通过优质和海量的数据进行模型训练，不断地优化解决方案。在这方面，很多人工智能企业进行了实践探索，比如，爱云校"好分数"平台就利用人工智能大数据服务学校学业分析，从源头上采集与分析数据。

每个学生的天性禀赋、理解能力和兴趣点都不同，利用信息技术捕捉学生在学习过程中的行为，结合大数据分析，就能对每一类、每一个学生进行能力测评，然后为每个学生有针对性地制订学习方案，从而提升学习效率和效果，提高他们的创造力、想象力和竞争力。

更重要的是，大数据平台还可以预测学生未来的学习发展趋势，产生学生的学情报告，生成专属学业画像；通过全方位的数据分析，对学生的长期发展做出预测；之后，结合学生的性格、兴趣、潜力等因素，为他们提供更科学的发展建议。

从教师的角度来说，他们可以基于真实、有效且连贯的考试测评数据，不断优化教学行为，了解每个学生的特征与学习需求，分析学生学习中存在的共性问题与个性问题，驱动下一步教学行为，为学生的个性化学习提供支持。

2. 推送个性化学习内容。

人工智能驱动下的个性化学习，衡量平台能力强弱最重要的标准之一就是平台构建的智能化知识图谱的深度和广度。个性化学习必须要解决的问题首先是诊断，测评并精准定位出薄弱知识点等关键信息。如此，就对知识图谱构建提出了极高的要求。

借助AI技术，从海量的教材知识库中对不同学科的知识点进行拆解并重新架构，经过各学科教研专家的细化分类，就能形成知识体系。然后，根据不断更新的优质试题库，对每个知识点进行试题内容的匹配，还为不同知识点分别编写原创题目与配套教学课件。

不同学生的知识点掌握情况各不一样，制订的学习计划也各不相同。在图谱化的知识点上，是各种与之对应的试题与详尽解析，通过智能题库跟踪学习过程，就能根据学生学情分析，按照试题内容维度（知识点、能力、难度、题型等），进行精准智能的个性化推荐，为每个学生量身定制学习计划，让因材施教成为可能。同时，将人工智能技术与专职教师组成的教学教研团队，实现线上线下融合，也能持续提升个性化推送内容的精准性和有效性。

随着时间的推移，数据积累逐渐增多，人工智能也就越"聪明"，对学生学习的适应也就越精准，形成良性循环，效果就会越来越好。

本章小结

智能教育正逐渐从教学辅助类应用过渡到通过"系统化、智能化教学评价与分析，从而推动提高学生学业表现与老师核心能力"的价值创造阶段。事实证明，运用 AI 老师，确实能根据学生特点，为学生提供个性化的服务，提高教育质量。

智能语音系统已经深入到生活的方方面面，但是智能系统的发展依然处于萌芽期，超过千亿的服务市场需要智能语音系统的介入。而将智能语音系统融入英语教学，确实能提高教学质量。

智能批改作业，不仅能够帮助老师从繁重的手工批改中解放出来，腾出时间和精力，帮助学生精准定位薄弱知识点，用于专项针对性和个性化教学，还能将老师和学生从题海战术中解放出来，即使是大题量的练习，借助试题库的强大支撑，也能让试题更有针对性，节省不少出题的时间精力，让老师将更多的精力集中在为学生提供个性化辅导上，加强孩子与老师的互动。

个性化学习就是通过收集和分析学生的学习数据，用人工智能勾勒出每个学生的学习方式和特点，然后自动调整教学内容、方式和节奏，使每个学生都能得到最适合自己的教育。

AI风暴——人工智能的商业运用

第八章　智能电商：运营能力七十二变

大咖谈 AI：

"未来数据化和大连接将使很多行业都有 10 倍增长机会，超强的 AI 连接将无处不在。"

——猎豹公司 CEO　傅盛

"人工智能科技不是人工智能，而是增强我们的智能。"

——IBM 首席执行官　Ginni Rometty

电商企业众多，竞争必将变得更加激烈，对电商来说，保持可见性和相关性从来都不是巨大的挑战。人工智能的出现，使竞争在拥挤的市场成为可能——即使是对小型电商。

近年来，在电商领域，人工智能技术也同样得到了很好的应用，并取得了显著效果。人们在享受电商带来的便利的同时，也对其提出了越来越高的要求，而人工智能技术的出现，则为电商的发展开辟了新的思路和格局。

人工智能与电商之间存在着密切的联系，两者相互影响，并共同进步。

无人机帮你送快递

近年来，随着人们消费能力的提高和消费方式的改变，我国电商已经进入高速发展增长期。同时，随着人口红利的下降，快递企业也遇到了人工成本高、招工难的现状，无形中加大了配送的难度。对于电商来说，如何快速解决"最后一公里"末端配送，让商品更快一步到达消费者手中，已经成为痛点问题。

随着科技发展和偏远地区的配送需求，一种更快的配送工具慢慢地开始应用到物流行业，那就是无人机。

作为物流配送的黑科技，无人机也是物流配送"最后一公里"的利器。与人工配送相比，无人机具有智能化、信息化、无人化等特点，配送效率更高，广受电商等企业的关注。

物流无人机适用于小批量、高频次运输，还是农村、山区等偏远地区的最佳选择。在快递物流市场，无人机有着属于自己的优势，距离短、成本低、速度快、效率高，可被用于快递配送和仓储环节，帮助企业减少人力和物力成本。

其实，早在2013年亚马逊就提出了"使用无人机送货"的概念；2015年，圆通实现了国内无人机配送的首秀，随后顺丰、邮政、京东、苏宁、菜鸟、饿了么等平台纷纷试水并布局物流无人机配送。最终,京东获批首个"国家级无人机物流配送试点",顺丰获得国内首张"无人机运营证",饿了么获得中国首条"外卖无人机航线"。可见,无人机配送在我国获得了突破性进展,物流无人机已经迈出了重要一步。

以顺丰为例。

作为国内物流行业巨头,顺丰已在无人航空物流领域探索多年。早在2012年,顺丰董事长王卫就提出了无人机物流的构想;2013年,顺丰开始测试无人机送递包裹,开始以合资、投资、自研等方式,全面开展无人机物流建设工作。截至2017年2月,顺丰控股在无人机领域申报和获得专利数量达111项。

2017年,顺丰正式成立丰鸟航空,运用智能航空技术,以专业能力和创新思维,对全球优质技术和资本进行有效整合,集结无人机行业领军人才团队,以智能航空技术,为行业提供了更高效、可靠的运输服务。其研发和引入了业载150公斤至3吨的大型无人机,基于航空运行经验和能力,建立了大型无人机运行需要的生态和能力,与顺丰航空物流网络干支成功对接,帮助顺丰构建了"干线大型有人运输机+支线大型无人机+末端小型无人机"的三段式航空运输网络,成功覆盖三线及以下城市的航空网络,实现了36小时快递通达全国。

仅用了3年时间,丰鸟科技就依靠顺丰快递业务场景和航空运行能力,快速整合行业资源,与优质伙伴合作,取得了巨大成绩。

在整机布局方面,丰鸟科技率先实现了吨级大型无人机的首飞,提高了无人机的安全性。

在航线资源方面，丰鸟科技已经获得9条转场航线，为后续全面开展无人机商用打下了坚实基础。

在市场开发方面，2020年基于宁夏和内蒙古的物流场景，展开了试运行的探索；除物流场景外，丰鸟科技还在云南、甘肃等多地开展了紧急运输、空投运输等多项任务。

除了机型的研发与应用，丰鸟科技还为行业输出多样化的智能航空科技产品，其中远程数字塔台、飞行服务站等产品已经率先在重庆、陕西等地落地。

无独有偶。

目前，京东无人机已在北京、西安等多地投入运营。

无人机在配送站装载货物后，通过自主路径规划，将货物送达指定位置，并通过京东App、手机短信等方式通知用户收货，用户只要到无人机前输入提货码，就能打开货仓收取货物。

2017年8月，京东在陕西获得了全国首张覆盖省域范围的无人机空域批文，进一步探索"无人机+通航"的物流运输新模式。

2017年10月京东向民航西北地区管理局申请，在陕西进行"无人机物流配送经营活动试点"，之后正式获得中国民用航空局、民航西北地区管理局批复。其建立的"干线—支线—末端"三级航空智慧物流体系，依托京东现有地面物流布局，在空中编织了一张新的物流网络。利用载重数十吨的大型干线货机、载重几百千克到几吨的通用航空飞机或大型无人机，以及载重 5~50 千克、飞行半径 10~50 公里的末端无人机，实现了"最后一公里"的物流配送，成功地与国际同行业接轨，在国际上起到了引领民用无人机行业发展的标杆作用。

2019 年 2 月 5 日，西安举办"陕西省全域无人机物流配送经营性活动试点启动仪式暨产业创新发展论坛"，京东成为首个以省域为范围进行无人机物流配送的国家级试点企业。京东以大数据为核心、云计算为手段、无人机为渠道，以航空方式构建空中物流网络，大大提高了区域范围内物流运转的精准度和速度，打造了"无人机＋通航"物流配送体系的全球标准，为"无界零售"时代的到来提供了强力支撑。

在现有末端配送中，主要存在门到门配送与定点取件两种形式，一旦用户时间窗发生变化，就会导致配送失败，降低配送时效性，提高货损率和成本；另外，物流快递行业订单量不断增加，配送员出现老龄化和稀少等趋势，具体表现为：

1. 物流需求的增长。我国快递业务量的急速膨胀，给物流业带来了巨大的挑战和压力，未来的物流不仅依赖于人力，更会向智慧物流转型。

2. 人工快递的弊端。人工投递延误率较高，偏远地区投递难度大，物流成本逐年升高。为了让物流配送更快捷、方便和现代化，就要使用无人机。

3. 快递人员数量不足。配送需求快速增长，适龄劳动力人口却不断减少,只有借助无人机配送,才能解决这个矛盾。

无人机配送不仅能大幅降低配送成本,还能提高效率,解决偏远地区和紧急件的派送难题,已经成为无人机行业的又一个爆发性增长点。或许在不久的将来,物流行业的行为80%将由无人机智能系统实现或替代。

中国无人机产业发展快速,如今在国际市场上已经相当有名,市场份额排名第一;同时,在无人机应用方面,我们也走在世界前列,尤其是中国率先实现了无人机送快递。预计,未来大规模应用无人机运送商业包裹将成为现实,且速度比目前的货车还要快很多。

实时聊天机器人

移动智能技术的发展,推动了虚拟助手的发展。

聊天机器人是一个用来模拟人类对话或聊天的程序。研发者把自己感兴趣的回答放到数据库中,用户提出一个问题时,聊天机器人就会通过算法,从数据库中找到最贴切的答案,进行回复。

聊天机器人不仅可以记住客户的喜好,还能使用订单历史记录,从客户对商品广告的响应中适当地进行交叉销售,将重心放在实时回答、临时查询并促进销售的平台上。例如,客户跟聊天机器人说"我想买羽绒服",机器人就能记住该客户订购的羽绒服品牌,并为另一个羽绒服品牌提供推荐的实时跟进。聊天机器人可以筛选海量数据,

AI风暴——人工智能的商业运用

为客户挑选最理想的数据信息，无论是推荐新商品，还是解决故障的方法。使用虚拟助手，电商就能进行订单处理，帮助客户处理其订单，增强客户体验。

在人工智能的推动下，聊天机器人取得了长足的发展。大品牌正在努力拥抱人性化的机器人，这一趋势可能会重新定义聊天机器人的前景。

案例1：

58平台基于大量的商家和用户，构建了58同城对话机器人。从功能上讲，该机器人提供了智能问答、多轮对话、商机挖掘、智能辅助、在线客服等核心功能，已经为智能客服系统和智能客服商家版提供了帮助。具体来说，智能客服商家版已经在58集团各个业务线落地，比如，针对本地服务的商家助手，针对房产的经纪人助手，针对招聘的企业助手以及针对车的车商助手。同时，为了提高B端商家和C端用户的有效连接，还打造了智能客服商家版。借助人工智能模式，用户咨询都被优先转接给自动问答机器人，如果机器人无法回答，就会根据用户配置转接人工；该提醒还支持设置开启时间段，可以应对商家在不同时间段的接待需求。在人工接待中，一旦用户的提问正好被储存在知识库中，机器人就会向人工座席推荐答案，由人工参考回复用户。

聊天机器人的落地场景是这样的：在电商平台中，同时有人工座席和 AI 对话机器人，根据不同的类目和工作时间段，用户就会跟聊天机器人或人工座席进行沟通。这不仅能解决用户的问题，还能获取用户的电话。

作为一种基于文本的对话界面，聊天机器人支持用户完成有限的任务，很多公司都在这方面进行了明确布局。伴随着工业界和研究界的关注，对话机器人不断向前发展，越来越多的商家将对话机器人应用到产品中。

案例 2：

2014 年 5 月微软正式推出了微软小冰，融合了自然语言处理、计算机语音和计算机视觉等技术。该人工智能底层框架选择了 EQ 路线，跟其他语音助手相比，小冰具有较强的谈笑风生的能力。无论用户抛出的问题难度如何，小冰都能稳稳接住，不仅能作为群成员加入聊天，还可以根据对话完成微信群的操作指令。

微软小冰集合了中国近 7 亿网民多年来积累的公开聊天记录，依靠微软在大数据、自然语义分析、机器学习和深度神经网络等方面的技术积累，集合了 1500 万条语料库（此后每天净增 0.7%），通过理解对话的语境与语义，实现了超越简单人机问答的自然交互。通过对情境知识系统、上下文对话系统和智能语义系统的分析，小冰可以跟用户进行人机交流。

2017 年，第五代小冰引入"全双工语音交互感官技术"，能够预测用户即将说出的内容，能够进行长时间、连续的语音交互。

AI风暴——人工智能的商业运用

2018年7月,第六代微软人工智能机器人小冰以3D少女的立体形象正式上线。升级后的小冰,不仅能迅速学习并吸收不同歌手的演唱风格,还能在演唱时自主切换。目前,小冰已经在全球收获6.6亿用户,月活跃数约为1.2亿。

2019年8月15日,第七代微软小冰问世,"微软第一AI美少女"从单纯的聊天机器人变为AI前沿的象征。第七代小冰的对话更具感染力,实现了从"平等对话"向"主导对话"的跨越式升级。最"恐怖"的是,小冰可以引导用户并按照它的思路来聊天,掌握了聊天的主动权。

经过演变路径的不断升级,微软小冰已经从一个人工智能对话机器人,演变为以情感计算为核心的完整人工智能框架。

从本质上来说,聊天机器人的出现主要是为了应对信息爆炸的今天存在的信息过载问题。

其实在聊天机器人刚出现时,人们是将其当作搜索引擎的终极形态来进行设计和开发的。要想得到理想的答案,现有的搜索引擎需要逐个浏览和仔细阅读搜索引擎返回的每个链接网址中的信息,再剔除冗余信息后才能得到。更好的用户体验是,用户向智能对话系统提出一个问题后,该系统能够自然地回答出来。

目前,聊天机器人已经在商业领域得到了初步应用。基于聊天机器人的应用场景,主要分为三种类型:

1. 问答系统。问答系统是基于用户的问题,给定一个回答,不涉及多轮对话，通常用于智能搜索、智能家居中的家电控制等场景。问答系统不需要调用业务能力，只要完成对用户问题的匹配和回答即可。

2. 对话系统。对话系统通常是，面向某一个任务，机器人需要同用户交互，甚至交互多轮；最后，为了完成某个任务，甚至还要调用业务资源。例如，查询天气的机器人，根据用户的输入，就能判断能否查询到某时某地的天气状况；如果条件不具备，就要向用户问询，甚至调用"中国天气网"等获得数据。

3. 闲聊式机器人。闲聊是一种开放域的聊天场景，就像两个朋友之间聊天，不会限制主题和内容。该机器人主要用于私人助理、娱乐等场景，典型的代表如微软小冰等。这种机器人开发难度大，需要巨量的数据集。

我们有理由相信，随着客户服务和消费者偏好之间的界限变得越来越模糊，具有前瞻性的公司完全可以采用聊天机器人。为了引起用户的高度重视，在未来几年中，电商就要继续大规模使用聊天机器人。

议价AI

很多时候，用户之所以会放弃购物车订单，一大原因是，不能像在实体店里那样跟商家砍价，而且，用户喜欢在不同的竞争对手网站

AI风暴——人工智能的商业运用

上进行更多研究,幻想着在购买之前找到最低价。

用户的这种特点,会对电商网站造成巨大影响。因为它们涉市未深,折扣空间不大,缺少可以溢价的高品质服务口碑,无法维持高于竞争对手的价格。那么,电商应该使用哪种议价AI解决方案?利用人工智能,就能让潜在用户参与价格谈判,并为他们提供战略性折扣,吸引用户"上车"。

案例1:

随着亚马逊Echo的走红,智能语音机器人越来越受到欢迎。目前,Facebook已经不满足于研发一款可以聊天的智能语音助手,而是在训练机器人与人类进行谈判。

Facebook人工智能研究所(简称FAIR)的研究人员已经创建了人工智能模型,被赋予了与人类谈判的能力,可以与人讨价还价。目前,FAIR的研究人员已经开放了该模型的源代码,并发表论文,介绍了该机器人所具有的谈判能力。研究人员表示,通过大量的训练,对于具有不同目标的对话机器人,可以与其他机器人或人类进行从开始到结束的谈判,并最终达成一致结果和目标。

现实生活中,人们经常需要面对"讨价还价"这种最常见的谈判行为。他们从这一行为模式入手,教机器人如何分配物品,比如五本书、三顶帽子、两个球等。每场谈判都被限定在10次对话内,如果10次对话结束后还没达成共识,双方都不能得到物品。

为了达到训练效果、进行大规模的定量评估,FAIR团队收集了众多人们之间讨价还价的记录,供机器人学习,这些案例详细记录了用户给一组物品定价并进行分配的过程。然后,研究人员建立了一个递归的神经网络,教它模仿人们的行为来学会谈判。

此外,为了利用机器人与机器人的对话来改善学习结果,工程师还让一个机器人生成数据去"愚弄"另一个机器人。这个场景需要机器人与另一方建立对话模型,双方间就交易展开谈判,预判出对方对特定报价的反应,而采取具体应对措施,并不是简单的模仿。在训练过程中,研究人员很快就发现,机器人学会了一些谈判策略,比如,故意强调一些低价物品,假装让对方认为该物品拥有更高的价值。

之所以要训练机器人,就是要教会它们防止作出不好的决策,而不是每次都作出最优的选择。

案例2:

在二手商品市场上,阿里巴巴成功部署了一款价格谈判机器人,可以与买家谈判,最终确定价格;可以监控用户的意图,引导用户参与全自动议价。该议价机器人会通过图灵测试,用户几乎都无法觉察自己是在跟议价机器人"砍价"。当然,这款机器人的开发也很不容易,需要学习谈判策略和有效的生成文本方法,激励反复谈判。数据显示,如果在同一个平台上发布给1000万个用户,这款机器人的交易机会会高出普通人20%。

在库存管理和图像搜索方面,阿里巴巴利用了一种可伸缩的计算机视觉架构,对数以亿计的实体进行筛选。采用云图片搜索算法,就能识别对象，找到类似或相同的图像，以及一个存储管理应用程序——在一个架子上挑出多个项目，生成一个摘要，包括不同品牌的分布，检测到超过10万库存管理。

二者都能跟阿里巴巴的阿里智能供应链兼容。

阿里智能供应链是一套人工智能工具，可以帮助商户预测产品需求，分配库存，以及选择定价策略。

在菜市场中为几角钱的菜价讨价还价、买房买车时你来我往的砍价……不论大小，其实都需要议价。但各种议价却让人感觉"智商"越来越不够了，不管是"买的没有卖的精"，还是耗费大量精力和时间来回扯皮，其实都是因为信息、谈判技巧等的不对等性，也都是基于自身利益最大化去考虑。而议价机器人面世，以人工智能代替自己去谈判，就有可能避免出现这样的情况。

我们也应该认识到，议价机器人目前依然只是一张"画饼"，有太多的挑战和难题。最典型的就是，如何了解对方的底线和强势方的"容忍度"。比如，商家是强势的一方，底线就是"爱买不买"，而消费者则是希望商品价格越低越好。在这样不对等的谈判形势下，议价机器人要想将自己的作用发挥出来，有一定的难度。

智慧用户界面

用户界面是人与机器交流的媒介，用户向机器发出指令，机器立刻就能开始一段进程，回复信息并给出反馈；之后，机器就能根据用户反馈进行下一步操作。其实，对于智能电商来说，用户界面不仅是一个平台，通过与用户进行交互，还能展现令人惊艳的表现。

用户界面是产品用户体验的主要切入点，是品牌的外在表现，也是让产品脱颖而出的原因。

智慧用户界面的存在，使得人和电商之间能够进行互动，帮助人们厘清、明白、使用、展示相互之间的关系，既能将用户聚集在一起，也可以将他们隔开，实现用户的价值并为他们服务。

智慧用户界面的设计，没有多少艺术含量，也不是用来标榜设计师个人的。界面的功用和效果虽然可以被测量，但它们却不具功利性。优秀的界面，不仅能让电商做事更有效率，还能够激发、唤起和加强电商与用户的联系。

好的用户界面，一般都是清晰的，所有元素都能保持良好的平衡，保持和谐，用户可以轻松感知屏幕上的信息，不用付出太多的努力，就能与产品进行良好的互动。

用户界面本身就是人工智能，设计得当，完全可以让用户保持专注,将注意力吸引到重要的变化上,不会用毫无意义的信息打扰用户,帮助用户采取下一个最佳行动。

设计人工智能的用户界面时,需要把握三个基本设计原则:

1. 模拟便于宽恕的物体。设计宽恕的一种方法是,使用外在 UI 模拟人类自然而然倾向于宽恕的生物或物体,例如,儿童或动物。因此,可以将机器人设计为一个 6 岁的孩子,让他露出自己的"悲伤的面孔",并喜欢制造氛围,使周围的环境变得快乐。

2. 作好视觉提示。通过眼睛动画传达情感,可以使我们轻松快速地迭代和更新眼睛的设计。在回答问题时,如果理解用户的置信度很低,眼睛会传达出相关信息。这时候,就要根据用户的典型说话方式来编写对话。由于经历和成长时代的不同,每个人的说话方式不同;每个人的成长、文化、宗教、语言、社会纽带,也会影响一个人的典型讲话方式。从用户的讲话方式学习和训练机器人识别意图和命令,会让用户觉得与机器人更亲密。

3. 设计令人愉快的特征。要让机器人为用户提供个性化的服务能力,供用户与机器人绑定。例如,作为一个伴侣,为老年人的一天提供服务,功能之一是了解用户喜欢的歌曲。机器人在白天会播放歌曲,使老年人感到高兴,直到他们唱歌并不断地想要更多。服务能力会影响用户使用机器人的意愿,还会影响用户对"作为朋友"这一角色的互动程度。

语音搜索

目前的信息环境,信息呈爆炸式增加,各家平台和应用间壁垒森严,用户直接搜索,需要花费的成本正在成倍增长。再加上,移动互联网重塑了人与人、人与信息的关联,人们对于搜索引擎的期待也发生了改变——全网搜索的意义逐渐减小,个性化需求的满足日渐攀升,如此就将搜索引擎的升级指向了智能化。

随着人工智能技术的发展,语音搜索横空出世。

所谓语音搜索就是,用户不用在电脑或手机屏幕上打出关键词,只要直接对着设备说话,就能搜索查询。音频技术的发展,使语音识别可以精确地理解用户说的话,然后再将搜索结果反馈给用户。

语音搜索开发功能主要包括提供领先语音智能识别组件开发、语音解析组件开发、语音合成组件开发等,开发成功投入使用后,永久支持免费语音技术升级服务,技术支持主要包括语音识别、语义解析、语音合成组件免费升级,语音搜索开发支持java和C/C+/C++等语言。

其实,语音搜索技术在很早以前就已经被使用了,只不过最初被运用在电话语音查询服务上,主要是人工语音系统。最近几年,语音搜索被越来越多地运用在移动平台上。

语音搜索是一项创新技术，如今许多人正在用它简化语音和智能设备的在线搜索。

案例1：

2014年，亚马逊推出了Echo智能音箱。该款智能音箱不仅能当作一个普通的便携蓝牙音箱使用，还搭载了Alexa智能语音系统，能够回答用户的各种问题，比如新闻、天气、闹钟设定等，甚至还可以使用语音在亚马逊网站上下单，体验简直超乎想象。

随着人工智能语音搜索的广泛应用，搜索语言也发生了变化。用户在Google中输入短语或问题，可能会使用非句子，例如，"印第安餐厅休斯敦"；但通过Alexa或Siri进行语音搜索时，搜索者可能会使用完整的句子和语法正确的语言："Siri，休斯敦一家不错的印度餐馆在哪里？"

AI平台以人为方式响应此类查询，内容可以针对会话语言进行优化，并为特定问题提供清晰、语法正确的答案，例如，谁？什么？何地？何时？为何？

案例2：

为了提高客户体验，唯品会搭建了成熟的灵云智能语音导航系统，客户可以直接通过语音交互方式，说出咨询的业务内容、寻找的业务名称，直达业务节点，快速完成业务咨询和办理。

业务办理咨询：运用先进的灵云语音交互技术，可以快速实现对业务的咨询及办理，还能添加大量的业务咨询知识；囊括了企业所有的业务点，可以回答 85% 以上的常见咨询，客户打进企业服务热线，就能直接在智能语音导航层解决问题，减少了转人工服务的电话量。

智能反问：如果客户提出的问题无法准确匹配业务节点，系统就会进行智能反问，通过上下文补充，锁定客户要寻找的业务节点。例如，客户说"练习题"，系统如果判断信息模糊，就会反问："您好，请问您是想买小学练习题，还是中学辅导书？"

智能打断：在机器人服务过程中，客户可以在任意节点打断系统播报，随时说出自己的需求；同时，客户还能通过语音控制智能导航的返回、帮助和业务等列表功能，操作起来更便捷。

除此之外，该智能语音导航系统还针对不能识别或模糊的客户请求，具有支持客户多轮对话补充信息、N 次无法理解或找不到答案或客户有投诉意图时转人工处理、服务完成后客户满意度调查、知识点管理、对话分析等功能。

语音搜索是一种最新的搜索技术，用户可以使用语音进行检索和查询，代替了原来的键盘或者手写输入，给广大互联网用户带来了全新的搜索体验。

语音搜索的发展和它的优势是分不开的，如下所述：

第一，语音搜索能够让用户搜索变得更方便和快捷，例如，用户正在做菜，需要搜索"菜的做法"；开车的时候，需要导航服务，最好的办法就是使用语音输入。

AI风暴——人工智能的商业运用

第二，语音搜索的用户端类型更丰富。目前，常见的语音搜索在移动用户端上，包括手机、平板电脑等，用户可以在更多的地方使用语音搜索。

第三，语音搜索提供了更多的通用性，例如，对于不会拼音或不方便打字的人群，语音搜索是最有用的搜索形式。

"语音搜索"的概念最早出现在20世纪50年代，在过去5年里，受欢迎程度显著提高。语音搜索就像一把锋利的整容手术刀，让线上购物场景变得更加简化。比如，消费者如果想买纸巾，只要对着智能音箱说"买纸巾"即可，省去了手机操作的一系列步骤，购物从这句话开始，也在这句话结束。

目前，语音搜索符合移动设备的交互方式使用。研究表明：75%的消费者使用移动语音搜索后，每天搜索次数更多了；10%的用户偶尔会使用语音搜索；67%的用户每天使用多次移动文本搜索；51%的用户使用语音搜索和文本搜索。

AI图像搜索

俗话说，一图胜千言！

智能图片搜索技术，是基于智能图片识别技术而开发的一种搜索技术。传统的图片搜索只能利用图片颜色、标签等特点来进行搜索，无法根据图片本身的特征来搜索，例如，照片数量有限，想了解更多信息，利用传统的搜索方法，就无法获得更多的结果。利用智能图片搜索技术，通过分析图片的形状、颜色、图像组成、目标大小等信息来搜索相关图片，就能将人类的直觉与电脑效率结合起来，提高搜索效果。

在 eBay 上搜索商品时，一般都很难用文字精确地形容自己想搜的东西。

第一个功能。为了帮助用户解决这一难题，eBay 发布了图片搜索选项。该功能和淘宝图片搜索功能类似，用户可以拍摄物体照片或上传已有的图片，搜索与图片内容相近的商品。

第二个功能。基于图片的搜索工具，即"Find It On eBay"，它可以帮用户分享在 Facebook 上点过赞的图片，进行跟基础图片搜索一样的操作。

上传图片并打开"Find It On eBay"和图片搜索，后台就会通过回旋类神经网络的深度学习模型，对图片进行处理，用户就能得到一张代表性图片，跟 eBay 上的商品图片作比对了。之后，eBay 会根据视觉相似度，对商品评级排序；同时，利用开源 Kubernetes 平台，快速生成结果，无论用户在世界何地。

随着越来越多的人使用这两个工具，它们自身的智能程度和准确性也会提高。

比如阿里：

2018 年 7 月 18 日，阿里云正式发布了三款人工智能产品，其中之一就是图像搜索。该款产品由阿里云与阿里巴巴机器智能技术实验室联合自主研发,可以为不同行业的用户提供业界领先的人工智能解决方案,进一步推动产业 AI 的落地。

其以深度学习和大规模机器学习技术为核心,通过图像识别和搜索功能,实现了以图搜图的智能图像搜索产品。图像搜索服务在图像识别技术基础上,结合不同行业应用和业务场景,帮助用户实现了相同或相似图片的搜索。

再如,谷歌:

2019 年谷歌针对谷歌图片搜索推出了新功能。当商户搜索图片并点击图片时,图片会显示在搜索页面的侧面面板上(即搜索结果旁边)。对于电商来说,用户搜索商户商品的图片时,该图片页面会显示品牌、价格、供货情况甚至评分和评论等信息。也就是说,通过适当的网站方式,就能在谷歌图片搜索中直观地展示电商的商品。

电商只要在电商网站的商品页面添加标记,谷歌就能在图片搜索结果中给用户提供价格、库存和评价、评分等内容。该标记的具体逻辑如下:

商品标记规定:(1)只能对具体商品使用标记;(2)不支持与成人相关的商品;(3)评价者的名称必须是有效的个人或团队名字。

要将商品信息包含在谷歌图片中,需要按照以下要求来定义必需的标记:(1)在富媒体图片查看器中显示商品信息,添加 name、image、price 和 pricecurrency 属性;(2)在相关商品功能中显示商品信息,添加 name、image、price、pricecurrency 和 availability 属性。

值得注意的是,该图片显示页面中会显示很多用户感兴趣图片的信息。通过该页面，用户可以进行更多的操作，获取更多服务；在滚动搜索页面获取图片搜索结果时，用户还能直接将图片页面跟搜索页面的其他图片进行比较。

不同于通用搜索主要依靠字节的特点，图像搜索被主要定义为"以图搜图"，可以支持以下两大功能：

1. 商品图片搜索，只要输入商品图片，就能在商品库中准确找到图片中商品的同款或相似款，返回对应的商品信息；

2. 通过图片搜索，只要输入具有相同元素或主体内容的图片，就能在海量图片库中查找相似或相同的图片。

该方案包含了深度学习、图像识别、支持百亿级数据的向量检索引擎等最新前沿研究成果。

产品可视化工具

如今，数据可视化已经渗透到网站、电商商品页面及微信聊天等各个方面。

移动互联网时代，使用移动终端的人每时每刻都在生产数据，而作为互联网服务提供的产品，也在持续不断地积累数据。就像人工智能一样，通常都能表现出更客观、理性的一面，数据可以让人更直观、清晰地认识世界，还能指导人更加理智地作出决策。

对于电商企业来说，拥有可视化的物流信息系统在某种意义上比拥有若干车队、仓库等实体物流资源更为重要。

现代物流信息系统的可视化与电商系统的可视化，从本质上讲是一致的，但电商系统的可视化除了考虑经济因素外，又增加了新的内容。

一是全系统可视。完整意义上的电商系统可视化包括：可视化的采购、可视化的仓储、可视化的中转运输和配送以及可视化的销售等子系统。可视化贯穿在供应链的各环节，这些环节的可视构成了全系统的可视。

二是全程可视。在采购入库、批发出库、配送入户、商品调剂及销售等全过程，管理人员都能准确地获取或传递信息，通过网络信息平台监控物流运转的全过程，为实施精确的物资补充提供可靠保证。

三是实时可视。电商商品流动范围广、速度快，直接面对下游需求方，尤其是以零售为主的电商品种数以万计，通过实时可视，就能实时获取某一时段的商品流动信息，为企业决策提供可靠的依据。

四是双向可视。电商和客户双方都可以通过网络方便地查询所需信息，清楚商品的移动位置。目前，大部分电商都能提供这种货物网上跟踪业务。

另外，电商系统的可视化根据企业经济活动的需要，被赋予了新的功能，比如，税费缴纳、资金结算、效益核算以及多种经济预测等，能够直接为电商提供更加方便、快捷和更加自动化、智能化的服务。

大数据是机器学习、深度学习、AI等尖端领域的基础架构。那么，如何才能快速设计一个高保真的可视化产品原型呢？数据可视化产品设计如下。

第一步：明确需求。

对于产品经理或运营，他们的 KPI（访问转化率）是什么？日常工作由哪些动作来达成？过程需要什么样的数据支撑决策 / 复盘？指标拆分的常用维度有哪些？

以产品经理为例，日常要关注不同平台、不同流量入口流量及转化率，关键路径的转化漏斗，基于数据做产品功能迭代的决策支撑。

第二步：确定分析思路。

没有分析思路的可视化，产品就缺少了灵魂。只是图标的堆叠，产品的价值也无法体现。好的可视化产品，在产品交互设计流程内，通常都有明确的分析思路。结合流量分析的例子，就可以对产品分析场景进行如下梳理：

每天上班后打开电脑，产品经理就可以最直观地看到大盘 KPI 最新数据和变化趋势。

拆分到 App、微信小程序、H5 等不同平台，看看指标是否正常、昨天的微信小程序有没有出现问题。

如果发现微信小程序转化率环比上周下降 20%，就要进一步分析，看看是哪个流量入口转化率降低了。

经过分析发现，是首页底部新改版的信息流模式转化率降低 40%，之后再进一步拆分，从访问到下单全流程转化漏斗，看看哪个步骤的用户流失最大。

第三步：设计产品方案。

如表 8-1 所示。

表8-1　产品方案涉及的内容

内容	说明
页面设计	（1）指标化管理模式。指标化管理模式的优点是：页面简洁，重点突出，通过维度选择和tab切换获取更多的数据，可以避免一个页面过多图表无法聚焦；分析思路清晰，从汇总到维度细分，有需要时逐层拆分；方便权限管控，指标化管理可以从维度、指标控制权限。缺点在于：默认展示信息量有限，分析过程依赖交互选择，信息隐藏得较深；适合核心KPI数量不多的情况，指标维度要统一，不同指标维度不同时，需要调整交互，即将日期作为共有维度，其他筛选条件只能随着指标tab切换位于指标卡下方。 （2）瀑布流模式。瀑布流模式的优点是：信息平铺展示，不用过多地交互操作，就能快速获取需要的数据信息；承载的信息量更多，可视化方式更丰富，每个图表都能是一个分析主题；对图表共有维度要求不高，一般以日期为共有维度，作为全局筛选。缺点在于：图表数量平铺过多时，重点不突出，无法聚焦；交互能力偏弱，用数据的人思路受限于做图表的人。
选择可视化图表类型	为了避免为了炫酷的可视化效果而设计图表，每种图表都有自己的适用场景，比如： （1）指标卡。展示指标数值和对比结果，直截了当地告诉用户昨天KPI是什么、怎么样。 （2）折线图（柱状图）。展示指标趋势，查看数据波动、多维度值时，可以进行对比分析。 （3）漏斗图。流量转化漏斗，定位影响转化率的关键步骤。 （4）表格。最简单但功能最强大的图表类型，可以展示多维度交叉数据，适合查看明细、对比分析。
工具选择	产品PRD工具最常用的是Axure，借助外部的组件包，不仅可以大幅提高产品交互设计效率，还能设计出高保真的可视化原型图。把组件库文件导入Axure后，各种可视化图表就不用再截图或手画了。

第四步：需求确认。

设计完产品PRD后，首先就要跟用户（产品、运营）确认是否可以满足日常的数据监控和分析需求。经过业务评审、产品内部优先级评审、开发评审等需求评审环节，就能顺利进入排期开发。

个性化消息推送

个性化推荐是一种基于聚类与协同过滤技术的人工智能应用，它建立在海量数据挖掘的基础上，通过分析用户的历史行为建立推荐模型，主动给用户提供匹配他们的需求与兴趣的信息，如商品推荐、新闻推荐等。

搜索引擎满足了用户有明确目的时的主动查找需求，而推荐系统能够在用户没有明确目的的时候，帮助他们发现感兴趣的商品。

举个例子：

京东拥有庞大的用户量和全品类的商品以及多种促销活动，可以根据用户在京东平台上的行为记录积累数据，比如，浏览、加购物车、关注、搜索、购买、评论等行为数据，以及商品本身的品牌、品类、描述、价格等属性数据的积累，活动、素材等资源的数据积累。这些数据是大规模机器学习的基础，也是更精确地进行个性化推荐的前提。

在起步初期,推荐商品比较简单,每个推荐商品都是独立服务实现。新版推荐系统是一个系统性工程,其依赖数据、架构、算法、人机交互等环节的有机结合。新版推荐系统的目标是,通过个性化数据挖掘、机器学习等技术,提高用户忠诚度和用户体验,提高用户购物决策的质量和效率;提高网站交叉销售能力,缩短用户购物路径,提高流量转化率。目前,新版推荐系统支持多类型个性化推荐,包括商品、店铺、品牌、活动、优惠券、楼层等。

推荐系统核心模块主要有:

推荐网关。推荐服务的入口,负责推荐请求的合法性检查、请求分发、在线 Debug 以及组装请求响应的结果。

调度引擎。负责推荐服务按策略调度及流量分发,主要根据配置中心推荐商品的实验配置策略进行分流,支持按用户分流、随机分流和按关键参数分流。

推荐引擎。负责推荐在线算法逻辑实现,主要包括召回、过滤、特征计算、排序、多样化等处理过程。

个性化基础服务。目前,主要个性化基础服务有用户画像、商品画像、用户行为、预测服务。用户画像包括用户的长期兴趣、短期兴趣、实时兴趣;兴趣主要有性别、品牌偏好、品类偏好、购买力等级等;商品画像主要包括商品的产品词、修饰词、性别、年龄、标签等;

用户行为主要获取用户近期行为，包括用户的搜索、点击、关注、加入购物车、下单等。

特征服务平台。主要负责为个性服务提供特征数据和特征计算，特征服务平台主要针对特征数据，进行有效的声明和管理，实现特征资源的共享。

所谓个性化推荐就是，根据用户的特征和偏好，对其端上的历史行为进行采集、分析和定义，了解用户是什么样的人、行为偏好是什么、分享了什么、产生了哪些互动反馈等，得出符合平台规则的用户特征和偏好，向用户推荐感兴趣的信息和商品。

个性化推荐既可以为用户快速定位需求商品，弱化用户被动消费意识，提升用户兴致和留存黏性，又可以帮助商家快速引流，找准用户群体与定位，做好商品营销。基于一般情况，电商商品的个性化推荐基本上有以下四个维度：

1. 相关性。相关性是电商商品推荐体系中最重要也是最基本的维度。

在单一消费场景下，用户对自身的关注永远是第一优先。而为用户匹配与之紧密相关的商品，可以极大地产生关联感，进而促进消费转化。所以，个性化推荐，第一维度就是相关性推荐。那么，如何作相关性推荐？至少要从以下三个触发条件进行相关性拆分：

（1）积极条件。指的是，用户在平台所产生的对最终转化有积极影响的操作，比如，点击收藏、跳转详情页以及对某一个细分类目的商品反复浏览等。

（2）物理条件。指的是，将用户从性别和消费两个层面进行区分，是一种较为粗略的相关性。比如，给男性用户推荐数码产品，通常都好过推荐厨卫用品。

（3）外部条件。指的是，脱离用户自身属性，从其身边的外在属性进行相关性推荐。比如，如果能获取到用户地理位置，就能进行"附近商品"的推荐。

2.相似性。相似性推荐，从某种意义上来说，是相关性推荐的一种深度拓展。

目前，主流的推荐方式有两种：

（1）基于物品的协同过滤算法，即ItemCF。根据用户的历史商品偏好，推荐相似物品。简而言之就是：给用户推荐其喜欢过的商品A的相似商品B，商品A和B存在某种相似度，而相似度并不能简单粗暴地区分。比如，不能因为华为Mate高端机型和红米低端机型都是手机，就列为相似商品。

（2）基于用户的协同过滤算法，即UserCF。基本策略是：用户A和用户B经过用户特征描绘，被归属为具有相似度的同一用户群，用户A喜欢的商品A，一定程度上也会被用户B所喜欢，就能对用户B

进行商品 A 的推荐。

3. 互补性。互补性针对的是组合型购买商品的推荐，是一种补充性加购行为，一般出现在成套销售或存在依附关系的商品场景中，比如手机与手机壳、移动电源、篮球和篮球鞋等。

互补性商品推荐一般都发生在用户产生实际支付购买行为之后，准确性要高于购买之前。因为互补性商品特征是"一个中心商品 + 多个附属商品"，所以只有用户购买了中心商品后，附属商品的推荐才有意义。

4. 群体性。人类是群居动物，用户普遍存在于各类用户群之中，就很容易受到群体的导向影响。对于电商商品，从众心理和冲动消费都能促进最终货品到现金交易的转化。所以，个性化推荐还可以考虑群体性，对于一定范围内进行群体化的个性推荐。

第一种是来自意见领袖的消费推荐。实际上，在电商构建的场景中，单个用户至少属于某一个群体，会遇到很多意见领袖的间接的商品推荐，比如，商品的真实评论、来自消费自媒体的评测体验内容等。

第二种则是平台刻意引导的用户群个性化推荐。这种在电商商品中一般是形形色色的细分榜单、爱猫人士必选精品等。精准程度和转化要求一般不高，更多的是形成分流和导引作用。

个性化消息推送的场景主要有三个，如表 8-2 所示。

表8-2 个性化消息的推送场景

场景	说明
相似商品	常见于商品详情页，基于物品的共有特征（包括用户行为特征或是内容特征等），找到相似物品推荐。进入商品详情页，首先看到的是图片、标题、参数选择、评价内容，接下来显示的就是推荐的相似商品。经过前面的了解，如果对当前的商品不满意，这里提供了与当前商品特征相似的其他商品，关键词是"特征"。比如，用户想买一株葡萄苗，它推荐的葡萄苗可能更多是满足"植物"特征的。尤其是在当前商品做了广告投放的情况下，推荐特征相似的商品，可以有效地降低页面的跳出率。
猜你喜欢	常见于购物车，根据用户历史行为、标签、社交以及物品属性等，可以计算出用户可能感兴趣的物品列表，做个性化TOP-N推荐。以购物车为例，用户之所以要将某款商品加入购物车，至少说明用户喜欢该商品，有购买意向，跟浏览商品详情页还在了解阶段是完全不同的，这时给用户推荐的商品，是基于对当前用户的分析给出的。所以，购物车推荐的商品，不仅包括与当前加入购物车相似的商品，还包括当前用户以往收藏、分享类似的商品等。
买了又买看了又看	常见于支付成功页面，是基于所有用户的购买或浏览行为的关联分析（类似于啤酒和尿布的关联分析），找到关联规则较强的物品列表作为推荐列表。它的逻辑是，找到与当前用户类似的其他用户，把其他用户购买的但是当前用户未购买的商品推荐给当前用户。关键词是"用户"。

用户画像

用户画像是根据用户社会属性、生活习惯和消费行为等信息，抽象出来的一个标签化的用户模型,然后将特定的广告发送给特定的人。比如,中老年奶粉的核心受众是中老年群体,考研资料的核心受众是大学生群体等。

电商的用户画像把用户的行为电商化,统计了用户的交易信息、浏览信息等。在构建用户画像的过程中,最重要的是数据。这些数据是用户在网上留下的痕迹,包括电商行为数据、电商交易数据、用户基本数据。

投放广告的第一步:选定广告投放的人群,即解决"选定广告给谁看"的问题。

投放广告的第二步:准备广告投放的物料,即解决"给用户看什么"的问题。定向的本质是找人。所谓定向就是,通过一系列行为去确定用户的喜好特征,让广告主能够正确区分出想要的用户。每类用户有相应的喜好,所以要根据产品,选择特定人群,用他们喜欢的方式来构建素材和文案。

每个商品都有自己的定位,主要面向什么样的用户群,也就是用户画像。商品的用户画像一般可以从年龄、性别、地域和收入情况等几个方面进行概括。系统会提供人群划分维度供我们选择,支持定位到用户的性别、地域和婚恋状况等。电商要做的就是,将这两者作匹配——圈出自己想要的用户。

从电商商品的角度看,通过分析用户的个人基本信息以及在使用商品过程中的行为轨迹,比如浏览、点赞、加入购物车、下单、使用支付方式等,用标签把用户的典型特征描述出来,提炼用户信息卡片，如表 8-3 所示。

表8-3 用户典型特征的标签

典型特征	说明
基本属性	注册时引导获取，比如，手机号码、性别、年龄、教育程度、所属地区等。
行为特征	对浏览、购买行为等进行归纳，判断行为特征。比如，通过收藏母婴店铺、多次参加母婴专场满减活动等，可以判断这是一个新晋妈妈（爸爸），对优惠活动敏感度强。
购买能力	分析用户的订单金额和次数，以及购买品牌偏好，就能推算出其客单价、用户是否高端用户、购买频次、是活跃用户还是沉睡用户等。
社交特征	对商品分享给好友的频次、收货人电话和地址的数量等进行分析，对该用户的社交情况进行研究。
心理特征	分析用户参加促销活动的频次，优惠券消耗的情况，同一品牌、店铺的复购率等，推算用户对大促的敏感度，以及对平台或者品牌的忠诚度。
兴趣爱好特征	根据用户浏览、收藏、关注店铺的类型，加入购物车、提交订单的商品类别，可以分析出用户对某些品牌、品类的偏好度，从而进行某个品类的专场营销活动。

举个例子：

某女孩关注了 20 家绿植店铺，她的用户标签可能就是"花草达人"；如果平台或商家举办绿植周边大促上线，就会优先将活动信息推送给这类目标用户。

常见电商用户标签：动漫达人、数码发烧友、潮妈、游戏奶爸、单身贵族、家庭用户、持家党、尝鲜党、败家党等。

用户不会任由商家摆布，尤其在购买平台如此多的环境下，一旦遇到不愿意看的内容，就会直接滑过去。构建用户画像的核心工作是给用户贴"标签"，然后通过标签的分类，对用户属性进行分析或判断，以便在今后的工作中为不同属性的用户制订不同的解决方案。

之所以要构建用户画像，主要是为了还原用户信息，确保信息的客观真实性，因此必须坚持一个原则：数据来源于所有与用户相关的真实数据。

基于用户的日常行为信息、兴趣爱好以及社会属性计算出来的模型，多个标签组合就形成了用户画像。构建用户画像，具体步骤可以归结为以下三步。

1. 数据采集。

这里数据的采集主要涉及两个方面的内容：一个是用户的消费行为，一个是用户的偏好习惯。

（1）用户的消费行为。

比如：

最近30天登录天数。品牌店铺的关注度是否上升/下滑。

会员等级。根据会员等级用户占比及数量，可以判断企业的所属阶段。

是否VIP会员。根据非会员用户占比，可以判断用户对品牌的认可度。

购物时间分布。根据购物时间，可以判断用户对产品需求的时间分布，提前备货或清仓。

月均购物频次偏好。根据月均购物频次的变化，可以判断整体用户的忠诚度。

月均消费金额。根据月均消费金额，判断是否有周期性因素、整体趋势。

月均消费用户。根据月均消费用户，可以判断是否有周期性因素、整体趋势。

浏览—加购—付费—付费成功转化。根据这些数据，可以统计出各阶段的转化率或跳出率，判断来源及各环节是否存在问题。

最近一次消费时间。以此为依据，可以判断出用户活跃状态、流失预警等。

用户生命周期标签。以此为依据，可以判定用户的认知、兴趣、购买、成长、忠诚、衰退和流失等。

（2）用户的偏好习惯。

比如：

健身偏好。根据最近一个月用户的浏览、搜索、收藏、加购、购买等行为，判断人群的健身偏好。

品质生活偏好。根据最近一个月用户的浏览、搜索、收藏、加购、购买等行为，判断人群是否具有品质生活属性。比如，搜索浏览红酒、茶道、精油等关键词，高档酒店、高档民宿、私人旅游定制等。

熬夜青年。根据最近90天用户的浏览、搜索、收藏、加购、购买等行为，算法判断18~29岁的人群在现阶段是否经常性熬夜。

宠物种类。根据最近半年用户浏览、搜索、收藏、加购、购买等行为，判断与什么宠物相关。

2. 行为建模。

通过对采集数据的处理，进行行为建模，抽象出用户的标签，通过数学算法模型尽可能地排除用户的偶然行为。涉及的技术有：文本挖掘、自然语言处理、机器学习、预测算法以及聚类算法。

在此阶段，要结合用户模型来给用户贴标签，如表8-4所示。

表8-4　结合用户模型给用户贴标签

用户模型	判断
用户忠诚度模型	通过"判断+聚类"算法，判断用户的忠诚度。
身高体形模型	根据用户购买服装鞋帽等用品，判断用户的具体身高体形。
用户价值模型	判断用户对于网站的价值，筛选不同维度用户来进行针对性推广，提高用户留存率。
用户汽车模型	根据用户对"汽车"话题的关注或购买相关商品的情况，判断用户是否有车、是否准备买车，进而推送汽车相关的商品，甚至保险服务。

3. 初步构建画像。

记录、抓取用户的基本属性、购买能力、行为特征、兴趣爱好、社交网络等数据，进行分析，创建、具体化用户画像。

用户画像有属于自己的特性和局限性，例如，无法百分之百地描述一个人，具有时效性。因此，要根据用户画像的基础数据，进行持续更新和修正；同时，要从已知数据中具象化出新的标签，使用户画像越来越鲜活立体，发挥其参考指引价值。

不同的公司、团队获取数据、提炼用户特征方式都各有不同，比如，大公司会自建数据分析系统，稍小一些的公司会借助第三方平台提取数据或开展细分用户群的用户调研工作。

本章小结

如今,人工智能已经深刻融入电商的运营,为电商的发展带来了新的契机。

作为物流配送的黑科技,无人机也是物流配送"最后一公里"的利器。与人工配送相比,无人机具有智能化、信息化、无人化等特点,配送效率更高,广受电商等企业的关注。

聊天机器人不仅可以记住客户的喜好,还能使用订单历史记录,从客户对商品广告的响应中适当地进行交叉销售,将重心放在实时回答、临时查询并促进销售的平台上。

各种议价让人感觉"智商"越来越不够了,不管是"买的没有卖的精",还是耗费大量精力和时间来回扯皮,其实都是因为信息、谈判技巧等的不对等性,也都是基于自身利益最大化去考虑。而议价机器人面世,以人工智能代替自己去谈判,就有可能避免出现这样的情况。

智慧用户界面的存在,使得人和电商之间能够进行互动,帮助人们厘清、明白、使用、展示相互之间的关系,既能将用户聚集在一起,也可以将他们隔开,实现用户的价值并为他们服务。

图像搜索被主要定义为"以图搜图",可以支持以下两大功能:

一个是商品图片搜索功能，只要输入商品图片，就能在商品库中准确找到图片中商品的同款或相似款，返回对应的商品信息；一个是通过图片搜索功能，只要输入具有相同元素或主体内容的图片，就能在海量图片库中查找相似或相同的图片。

移动互联网时代，使用移动终端的人每时每刻都在生产数据，而作为互联网服务提供的产品，也在持续不断地积累数据。就像人工智能一样，通常都能表现出更客观、理性的一面，数据可以让人更直观、清晰地认识世界，还能指导人更加理智地作出决策。

语音搜索是一种最新的搜索技术，用户可以使用语音进行检索和查询，代替了原来的键盘或者手写输入，给广大互联网用户带来了全新的搜索体验。

个性化推荐是一种基于聚类与协同过滤技术的人工智能应用，它建立在海量数据挖掘的基础上，通过分析用户的历史行为建立推荐模型，主动给用户提供匹配他们的需求与兴趣的信息，如商品推荐、新闻推荐等。

商品的用户画像一般可以从年龄、性别、地域和收入情况等几个方面进行概括。系统会提供人群划分维度供我们选择，支持定位到用户的性别、地域和婚恋状况等。电商要做的就是，将这两者作匹配——圈出自己想要的用户。

第九章 智慧政府：让服务更有温度

大咖谈 AI：

"人工智能为人类进步打开了一扇更宽敞的大门。"

——微软联合创始人　保罗·艾伦

"人工智能重新定义了连接，机器对语音、图像的转换，将为大连接时代提供新机会。"

——搜狗公司 CEO　王小川

当前政府工作面临着一个痛点：信息孤岛化现象严重。体现在各部门间不能共享信息，老百姓办事时仍需要多次往返于各部门，耗费大量时间和精力。将人工智能运用于政府服务，服务就会多一些温度。

比如，民众只要进入智能机器人问答平台，就可以与机器人实时对话，获得想要的信息，少跑腿甚至不用跑腿。

通过系统的统计分析功能，对民众的咨询问题大数据进行多维度统计，实时监测舆情民意，掌握各部门对群众来访信息的反馈情况，并进行有针对性的处理。

群众咨询引入智能客服

一直以来,政府热线电话都是连接政府与群众的桥梁,是政府感知舆情的最有效"窗口"。智慧经济时代,这个"窗口"也悄然发生着变化。2020年12月底,国务院办公厅印发了《关于进一步优化地方政务服务便民热线的指导意见》,其中有两点要求值得关注:一是除110、119、120、122等紧急热线外,各地区热线统一归并为"12345政务服务便民热线";二是在人工客服之外,拓展智能文本、智能语音客服等应用,加强政务智能化建设。

该意见不仅肯定了智能客服对政府工作的重要性,更为智能客服与群众咨询的结合提供了助力。

群众咨询,是政府服务的一项重要工作内容,往往政府部门都会安排工作人员来解答群众的问题。这是一项搜集群众意见和建议的重要途径,平时人少时,工作人员还忙得过来,一旦赶上人多的高峰期,就显得有些应接不暇了。其实,只要将智能客服引入群众咨询工作,就能很好地缓解这一问题。可喜的是,各地区政府部门已经意识到了这一点。

案例1：

为了进一步落实国务院"放管服"的改革精神，优化营商环境，提升服务效能，2020年4月30日，中央国家机关政府采购中心（以下简称"国采中心"）正式上线了在线智能客服系统，为采购人和供应商等提供更加便捷高效的在线咨询服务。采购人、供应商等用户，只要点击中央政府采购网右下角的"智能客服，在线咨询"图标，或者扫描下方二维码，关注国采中心微信公众号，之后点击"国采服务—智能客服"，就能成功地与国采客服机器人进行交流，咨询各类问题。

这种客服机器人是一种全新的智能工具，全天24小时在线，可以实时回复用户提问，是人工客服的有益补充，极大地提高了政府部门的公众服务能力。

智能客服机器人能够通过一定的载体，比如WEB、IM、WAP/SMS等，结合图片、文字甚至音视频等媒体，给用户做出最完整的回复，让用户在交流中解决问题，提高用户满意度。

案例2：

2021年2月，大同市人民政府与京东科技人机交互平台言犀合作，开始使用新一代12345政务服务便民热线。

过去遇到高峰期的时候，群众几乎都打不进电话，有了智能客服，不仅能完成一些常规性问题的解答，还能自动创建工单、智能匹配到对应处办单位，大幅减少了高峰期的呼入队列，提高了呼叫中心的工作效率。

首先，进行智能化升级后，不仅能对群众反映的问题进行语音识别，还可以结合知识库，回答细分问题，整合全市各级部门同质化问题，实现对知识库的自动迭代升级，帮助客服系统对知识库进行更快更好的沉淀。同时，在接线过程中，智能辅助工作台还会对本次对话进行问题分类，并识别是否要升级等关键信息，自动对工单标题、正文、处理等结果进行预填写，减少座席的打字量，提升办公效率，把客服从烦琐的体力劳动中解放出来，使得他们将注意力放在答疑和对话上，提升群众体验。

其次，该系统跟各委办局的办公系统进行打通，全面融入工单转派和质检考核等环节，将响应率、解决率、满意率等核心指标划入最终考核中，不仅派单更精准，还依据群众诉求的紧急程度，设置了2小时、24小时、7天三级办理时限，对客服的应对进行跟踪和考核。

最后，该热线设置了接诉即办调度、工单分析主题、智能回访分析主题、智能应答分析主题等多个维度，可以及时发现民生问题中的重要事件，并及时处理。比如，某小区冬天取暖发生故障，如果直接找人工客服，问题的解决往往会滞后，通过"工单分析主题"，就能提前预知某小区出现了多个取暖投诉，将问题消灭在萌芽状态。

政务热线的智能化改革，加快了智能化政府建设的进程，是引领科技落地的重点领域。

智能客服机器人是一种利用机器模拟人类行为的人工智能实体形

态,能够实现语音识别和自然语义理解,具有业务推理、话术应答等能力。当用户访问网站并发出会话时,智能客服机器人就能根据系统获取的访客地址、IP 和访问路径等,快速分析用户意图,回复用户的真实需求。同时,智能客服机器人拥有海量的行业背景知识库,能对用户咨询的常规问题进行标准回复,提高应答准确率。

政务服务类客服,是群众声音反馈的节点,是政府倾听民声、服务群众的窗口,也是典型的劳动密集型产业。因此,国内众多城市纷纷开通政务服务热线。目前,政务服务类热线客服需求量大增,如何才能更好地提升政务服务热线的服务质量?雇用大量的客服人员必然会增加政府的运营成本,却不能直接产生实际价值。运用智能客服产品,就能帮助政务类客服解决传统客服人力成本居高不下的问题。

智能客服的好处主要表现为:首先,成本很低,不到传统人力的十分之一;其次,回复准确且及时,杜绝了回复用户信息不及时、信息不准确等情况。此外,还能对客服人员的话术做出实时质检,提升服务质量;一些需要人工理解及分析的内容,还能借助"语音识别 + 语义理解",应对群众的问题。群众打来热线,运用智能客服,就能通过语义理解在已有知识库中找到对应或类似的答案,给人工客服以参考和借鉴。

AI风暴——人工智能的商业运用

政务大厅智能引导服务

将移动互联网、物联网、云计算、RFID、人脸识别、5G无线等技术应用到政府公共服务中，利用办事网点平台，就能给群众提供一个更加人性、轻松、便利的服务环境，为群众带来全新的服务体验，提高群众对政府公共服务的满意度。先来看一个例子：

为实现政法新媒体的矩阵发展、集群作战，2020年年初，浙江华坤道威数据科技有限公司技术团队开始为浙江政法体系研发社会治理融媒云系统平台。这是全国首个省级社会治理融媒云平台，具备指挥管理、智能考核、舆情监测、采编分发、效果评估等功能，可整合系统资源，推进政法新媒体整体联动、协同配合。

针对以往宣传指令下达慢、反馈难等问题，社会治理融媒云的指挥管理功能汇聚全省所有政法单位和对应的新媒体账号，一旦上级单位有发稿、转载等指令下发，系统立即响应，各单位账号取稿、编辑、发布，一气呵成。系统还能通过稿件跟踪，知晓指令执行情况，并采集到每篇稿件的传播数据。

以往一篇优质的新闻稿件可能只在几个平台上传播，今天却能同一时间在3000多个平台上矩阵传播；以往耗费大量人工统计的宣传考核工作，在融媒云上也能通过自动全网搜索、文本分析、查重等功能，计算出各单位的宣传稿件数量并按规则加成计分，实现智能考核。

平台还独家开发了评价算法。区别于新榜、清博指数等，这套算法不仅参考阅读数、点赞数等数据，还综合了账号发布的内容与社会治理工作的贴近程度，是一套社会治理新闻宣传的评价体系。

有了融媒体中心，媒体矩阵的集群效应凸显。

融媒云平台优势主要表现为：

（1）数据采集。多种数据源，多种方法全量采集；覆盖足够全面的属性、维度、指标；实时数据采集，更新快速，时效性高。

（2）数据分析。TB甚至PB级数据分析处理能力；多维度、多指标的交叉分析；全面支撑日常数据分析需求。

AI算法。行业先进算法模型有效提取、分析和处理数据；深度打磨的算法体系，保障分析的准确性。

产品功能主要包括：

（1）舆情反馈。全舆论场信息实时监测；热点新闻资讯新鲜聚合；事件传播发展动态追踪。

（2）全媒体平台管理。全渠道媒体整合；智能采编系统；网格员移动端投稿；运营活动支撑。

（3）多终端展示。移动小程序随时掌握动态；可视化大屏感知传播态势。

（4）指挥考评体系。自上而下智能考评；指挥调度信息一键传达；

智慧网评员系统。

随着服务中心的完善，为了提高服务质量，更好地为群众提供服务，为了向群众推出高品质、高标准、高规格的服务措施，就需要一套与之匹配的智能化系统。

政务大厅智能引导系统，完全模拟群众来政务中心的办事流程，诠释了人性化的服务理念，不仅可以舒缓群众等待的焦急情绪，还能让人们在等候服务的过程中拥有一个相对自由的空间，真正体现出科技"以人为本"的理念。

案例1：

2018年，怀柔科学城政务服务中心办事大厅，出现了两位特殊工作人员——智能引导机器人。

该机器人身高约1.5米，不仅可以跟群众进行人机口头交流，还可以提供窗口引导、协助取号、办事指南查询等服务，既是引导员，又是讲解员，还是办事员，免去了群众排队等候的时间。

群众只要点击智能引导机器人显示屏上的办事指南功能，就能查到大厅各服务窗口办理事项所需要准备的材料、办事流程及完成时限等。此外，还能为群众提供天气预报咨询、入厅单位具体地址、行车路线及联系方式查询等服务。政务服务大厅引入人工智能，不仅为办事群众带来了完全不同的服务感受，还提高了大厅的软环境质量。

案例2：

2021年广州南沙区政务服务中心成功上线"智能刷脸办政务 智慧监督在线行"服务，政务智能机器人"小智"正式和群众见面。

"小智"将AI人脸识别技术、大数据分析与智慧政务等结合在一起，推进了"5G+政务+可信身份认证"及政务大数据应用，从预约取号、业务指引、业务办理到监督评价，实现了全流程闭环管理，为群众提供了更智能、更高效、更可靠的政务服务办事体验，实现了办事大厅的"业务刷脸办，数据一屏览"。

群众在网上预约后，只要进入大厅一刷脸，就能在相应窗口排队拿到号，办事更方便，节省了排队拿号的时间。

群众来到办事大厅，只要对着"小智"说出自己想办理的事项名称，它便会自动带领群众走向相应的窗口。

如今，推进政府职能转变、提升公共服务水平等，已经成为中国建立服务型政府的战略目标。

运用智能引导系统，不仅可以优化业务办理流程，缩短群众临柜时间、提升群众对政府公共服务的满意度，更能打造规范、便民、廉洁、高效的"智慧大厅"，比如，群众通过公网访问系统，就能查询获取市政业务信息；通过网络，就能预约挂号，到达办事大厅。之后，只要使用查询机，就能获得行政审批过程、流程、用户排队叫号、服务功能位置导引、办事提醒指导等信息。用手机、二代身份证、组织机构代码卡等取号后得到排队号票，然后等候叫号；办理完毕后，就能对当前的业务服务作出评价。

在这个过程中，群众办理的业务信息和对工作人员的评价，都能通过后台数据接口，传输到申报人管理系统进行统计分析。

智能工单服务

智能工单派发，可以提高办理效率，只要将群众反馈信息以工单流转到相关政务部门处理，就能对处理环节、处理结果、处理时效进行智能监督，起到跟进及时、有效反馈、快速处理等作用。

将大数据、人工智能等运用到工单服务中，工单服务也会变得智能化。

案例1：

2017年8月昆山市交通运输局"智慧工单"新系统正式投入运行。该系统集工单办理、工单监控、工单查询和统计报表等功能于一体，为交通业务高效流转、群众咨询快速响应等提供了平台支撑。

第一，优化了办件在线流转，提高了服务效率。市交通运输应急指挥中心统一扎口，成功对接12345服务热线、民生110、数字城管等市级平台，建立了"集中受理、分类处置、统一协调、限时办理"的运行管理机制；依托平台网上流转，有效地提高了事件办理时效和质量。

第二,健全舆情分类分析,解决问题更准确。通过平台,分类统计工单来源、问题种类、处理结果等事项,就能对带有规律性和倾向性的事件做出评判,对于群众最关心、最直接、最现实的问题作出判断,为行业主管部门预防和完善管理提供依据。

第三,实现了移动终端投诉,服务渠道更宽。为了方便群众更好地反映诉求,开发了"昆山交通"微信公众号投诉建议模块,还与工单系统意见反馈模块实现了无缝对接,更好地拓宽了群众发表意见和建议的渠道。

案例2:

2020年北京市在电子政务领域,制订了政务服务超越行动计划书,推进了"一网通办"工作方案的落地,促进了"全程网办"工作的开展。

政府运用RPA(机器人流程自动化)、OCR(光学字符识别技术)、NLP(自然语言处理技术)等技术来生成智能工单,具体来说就是,将综合窗口及部门工作人员的操作步骤进行复制,并按照设置的逻辑、规则等精准执行。

各项技术应用具体情况如下:

智能工单定制。通过人工调研部门,对系统中各事项所需的信息名目进行审批,就各审批事项定制完整信息名目的空白智能工单,实现"一事一工单"。在综合窗口接件时,工作人员只要根据群众的申请事项,就能打开对应的智能工单,启动 RPA 完成填写。

综合窗口智能接件。群众在综合窗口提交纸质文件后,工作人员就会运用高拍仪对他们提交的申请材料进行扫描,然后启动 RPA 机器人,打开定制的空白智能工单。运用集成的 OCR 功能,就能对申请人提交的制式表单及证照的数据字段进行审核,然后通过 NLP 提取表单和证照中的关键词,生成填写好的智能工单。

智能工单流转。智能工单的流转通道,利用了现有的电子政务外网,并不需要 RPA 机器人开放现有系统(综合窗口、委办局)端口。

部门审批工单智能回填。工作人员只要打开综合窗口填写的电子表单,复核确认无误后,就能直接启动对应事项的 RPA 机器人,完成审批系统的自动化、智能化回填,省时省力,减少了人工录入的烦琐和错误,实现了部门"无纸化审批"。

语义分析感知社情民意

如今,网络舆论引导是以大数据为基础、以算法为驱动、以群众为中心的,对网络舆论引导工作来说,不仅要用大数据掌握最完整的社会舆情全貌,掌握舆情变化的规律和动向,还要用云计算进行大规模信息处理,用区块链建立新的信任机制,用新媒体平台算法精准推送政务信息,用个性化主动推送式智能服务造福群众。

语义分析是自然语言处理和人工智能的关键技术之一,如今已经被成功地运用到社情民意的了解中。在万物互联的新阶段,先进的舆论传播以每个人为中心,政府就要为他们提供更加积极主动、精准、贴心的服务,要在第一时间,做事件的"第一定义者"。

案例1:

2020年6月,"2020中国县域智慧城市百强榜"发布,深圳市龙华区得95.03分,位居榜单第五。龙华区的脱颖而出,进一步肯定了"智慧龙华"建设。

在"智慧政府"的大背景下,龙华区政府积极开展政府智慧化建设,打造了"智慧龙华互联网舆情专题",实现了由数据到数字政府思维和工作模式的转变,提高了政府社情民意的感知力和舆论引导力。

该系统的成功上线,解决了传统政府公共治理思路下,互联网舆情感知面临的"信息不全、分析不准、认知不足、应对不快"四大难点。其围绕区域热点事件和群众关心的话题,积极收集民情民意、热点趋势、社会反馈等数据,得到了简报、报告、图表等分析结果,为政府全面掌握社情民意动态、正确引导舆论提供了准确依据。

该专题设置了数据收集、舆情概览、社情民意感知、突发事件等多个模块,服务实现了一体化和多功能等,成功构建了舆情管理闭环。数据收集模块来源多,覆盖面广,可以采集千余家平面纸媒、百万级社交媒体数据,为龙华区舆情的甄别发现提供了坚实基础,有助于多维度掌握舆情动态。

对于不同专题方向,比如教育、医疗、城管、市场监管等,系统能实时在线生成不同的专题报告,然后以统一规范的格式输出。同时,舆情信息还能定时推送到指定邮箱,甚至通过手机App实时查看,相关部门就能在第一时间了解和处置。

此外,"智慧龙华互联网舆情专题"还能对突发事件进行预警和追踪,刻画事件的发生、发展、高峰、回落等不同发展阶段的演变态势,帮助决策者做出应对准备,并按照舆论内容、高频词语、影响力等信息,形成数据统计报告,实现多维度数据展示。

案例2:

无锡是江苏政务服务专项改革试点城市,其积极推进大数据、物联网、人工智能等技术在政务服务领域的应用,实现了12345政府热线与政情民意大数据的融合共享,提升了政府服务的能力和水平。目前,无锡已经开发并上线了"12345大数据政情民意分析系统",建成了上下贯通的分析处置网络,实现了动态监测、在线分析、精准推送等功能,有效提升了政府民生响应水平。

首先,该系统打破了23个政府部门应用系统间的数据壁垒,将数千万条数据资源汇聚到一起,利用人工智能强大的计算能力,建立了运营分析、效能监管、民意洞察等模块和模型,激活了零碎、杂乱、孤立的政情民意大数据资源。

其次,该系统利用大数据、人工智能等技术手段,对诉求工单、互联网等数据进行融合分析,掌握了民意热点、社会管理、城市治理等数据。其中,运营分析平台可以提供"12345"政府热线运营、调度情况及分析预警；效能监管平台可以对成员单位的效能进行动态监测及分析预警；民意洞察平台可以对诉求热点开展分析。

此外，还建立了大数据政情民意处置中心。政务热线受理大厅开设了30个大数据政情民意处置专席，分设综合研判、协调处置、预警防控三大区域，实现了"两个融通"。一是与政务平台融通，与安全生产、污染防治、文明创建、综合治理、阳光扶贫等工作深度融合。二是与业务数据融通，畅通了电话、网络、传真、微信、微博、来信等综合受理渠道，把群众来电语音信息转化为有价值的数据，把办件信息汇聚成有用的政情民意数据信息流。

信息爆炸的时代，要想在海量信息中锁定目标信息，无异于大海捞针，要想进一步精准分析社情民意，更是难上加难。运用语义分析，就能提取媒体发布新闻和网民的典型观点，对舆论信息进行深度挖掘，得到涵盖赞扬、中立、反对、谴责等内容的"网民情感分布图"。

网民的行为包括"点赞"、分享等，经过长时间的收集、分析后，就能得到一定规律，帮助分析者快速界定不同类型的分析，精确地了解网民的行为及态度，就能制定出更好的决策。

随着移动互联网的飞速发展，社会化媒体已经成为社情民意的主要载体，对网络舆论的走势产生着直接影响。舆情事件频繁多发，快速反应政务舆情，加强政府网络舆论引导力，也就成了政府现代化治理的内在要求。

本章小结

群众咨询,是政府服务的一项重要工作内容,往往政府部门都会安排工作人员来解答群众的问题。这是一项搜集群众意见和建议的重要途径,平时人少时,工作人员还忙得过来,一旦赶上人多的高峰期,就显得有些应接不暇了。其实,只要将智能客服引入群众咨询工作,就能很好地缓解这一问题。

将移动互联网、物联网、云计算、RFID、人脸识别、5G无线等技术应用到政府公共服务中,利用办事网点平台,就能给群众提供一个更加人性、轻松、便利的服务环境,为群众带来全新的服务体验,提高群众对政府公共服务的满意度。

智能工单派发,可以提高办理效率,只要将群众反馈信息以工单流转到相关政务部门处理,就能对处理环节、处理结果、处理时效进行智能监督,起到跟进及时、有效反馈、快速处理等作用。

语义分析是自然语言处理和人工智能的关键技术之一,如今已经被成功运用到社情民意的了解中。在万物互联的新阶段,先进的舆论传播以每个人为中心,政府就要为他们提供更加积极主动、精准、贴心的服务,要在第一时间,做事件的"第一定义者"。

下篇 运用篇

后记

移动互联时代，人工智能（AI）已经存在了几十年，人工智能技术已经被越来越多的企业使用。

随着云计算和数据分析等关键技术的快速发展，人工智能对商业产生了革命性影响，应用人工智能技术俨然已经形成一股潮流，合理使用这一技术，就能形成一定的竞争优势。

从一定意义上说，人工智能是继互联网之后的下一个阶段，企业更能从数据中获得深刻的见解。

谷歌公司 CEO 桑达尔·皮查伊说过："AI 正在改变我们工作的方式，也会带来新的岗位，促进民主化，推动新工业革命的到来，要学会调整和适应。"随着数字化革命进程的加快，数据越来越多、越来越复杂、越来越多样，企业必须迅速拥抱人工智能战略，驾驭数字洪流。未来，企业要想生存和发展，就要跟人工智能建立关系。

无法拥抱 AI、利用 AI、通过 AI 进行转型的公司，多半都会"死掉"；传统行业位于人工智能改革的风暴中心，一不小心就可能"翻船"。企业必须理解新趋势的边界，主动进行经营变革，认清所处行业的本质，具备强大的执行力。

人工智能，必然会给传统商业企业带来不一样的改变！